# 从好奇到思考

## 5分钟读懂科学家小史

上

骑象编委会 | 编著

46位科学家的趣味故事
启发孩子从好奇到思考

人民日报出版社
北京

图书在版编目（CIP）数据

从好奇到思考 ：5分钟读懂科学家小史. 上 / 骑象编委会编著. —北京：人民日报出版社，2022.10
ISBN 978-7-5115-7528-9

Ⅰ.①从… Ⅱ. ①骑… Ⅲ. ①科学家－生平事迹－世界－儿童读物 Ⅳ. ①K816.1-49

中国版本图书馆CIP数据核字（2022）第190980号

书　　名：从好奇到思考：5分钟读懂科学家小史（上）
CONG HAOQI DAO SIKAO: 5 FENZHONG DUDONG KEXUEJIA XIAOSHI ( SHANG )
作　　者：骑象编委会

出 版 人：刘华新
选题策划：鹿柴文化
特约编辑：王晓彩　刘颂歌
责任编辑：张炜煜　白新月
封面设计：智　勇

出版发行：人民日报出版社
社　　址：北京金台西路2号
邮政编码：100733
发行热线：（010）65369527 65369846 65369509 65369512
邮购热线：（010）65369530 65363527
编辑热线：（010）65369514
网　　址：www.peopledailypress.com
经　　销：新华书店
印　　刷：北京永诚印刷有限公司
法律顾问：北京科宇律师事务所 010-83622312

开　　本：710mm×1000mm　1/16
字　　数：281千字
印　　张：25.75
版　　次：2022年11月第1版
印　　次：2022年11月第1次印刷

书　　号：ISBN 978-7-5115-7528-9
定　　价：128.00元（全2册）

# 序言

## 谁，塑造了我们的生活？

400多年前的一天，比萨大教堂大厅里，一位年轻的学生一动不动地坐在角落里。

他的目光追随着吊灯一起摆动，一只手轻轻地搭在另一只手的手腕上。他惊奇地发现，不管吊灯摆动幅度是大还是小，它每次摆动所用的时间总是和脉搏跳动的时间一样，这便是“单摆等时性”原理。后来，有人根据这个发现，发明了可以精确计时的单摆时钟。

从一个微不足道的生活现象中发现隐藏的真理，这个故事完美地诠释了“科学精神”。这位年轻的学生，就是日后被爱因斯坦称为“现代科学之父”的伽利略。

那么，究竟什么是“科学精神”呢?

100年前，梁启超先生曾给出过一个很好的解释：科学精神，是可以教人求得有系统之真知识的方法。

科学精神是“求真知识”。

这里的“真”，并不是追求一时的对与错，而是永远站在人类知识最前沿求真。

比如，德国科学家魏格纳根据地图上大洲之间几乎可以吻合的轮廓，大胆猜想大陆原来是连在一起的。尽管当时的地质学界认为他想法离谱，但他仍不放弃寻找证据，甚至遇难长眠在格陵兰岛。而今天，我们都知道他是对的，这就是求真知识。

科学精神是“求有系统的真知识”。这涉及各种发明、发现、真知识之间的互相启发与合作，包括个体横向的独立思考，跨学科的合作，跨时代的合作，等等。

达尔文观察加拉帕戈斯群岛的不同岛屿间雀、象龟的差异，为他提供了“自然选择”学说的最初灵感。这是个体横向的独立思考。

弗莱明发现了青霉素，但他解决不了提纯和产量的问题。病理学家弗洛里和生物化学家钱恩，研究青霉素的性质、分离和化学结构，解决了青霉素的提纯问题。1945年，3人因为对青霉素的研究活动共同获得诺贝尔生理学或医学奖。这是跨学科的合作。

还有，屠呦呦从东晋葛洪《肘后备急方》的寥寥几字中获得灵感，用现代的科学方法，成功提取了青蒿素。这是跨时代的合作。

科学精神是求真、质疑、独立、合作、创新……实际上，它不仅适用于科学

家，也适用于每个人，以及社会生活的方方面面，更是当下儿童和青少年最必需的素养。

历史上那些最富“科学精神”的人，当然是孩子去了解科学精神本身最好的榜样。基于这样的思考，骑象编委会觉得应该一改以往传记的创作方式，换个角度，重新挖掘资料，把这些人最难能可贵的“科学精神”呈现给孩子。

于是，我们从《影响人类历史进程的100名人排行榜》《生活》杂志评选的千年百大人物、《100个科学家的故事》等影响力较大、权威性较强的榜单、书目以及中小学教材中，筛选出了200多位在科学、医学、技术等领域为人类发展做出杰出贡献的天才。

我们又邀请了作家、骑象小学堂创始人曾进，科学作家、果壳网联合创始人小庄，《国家人文历史》新媒体副主编纪彭，骑象小学堂联合创始人王晓楠，苏州市越溪实验小学校长，义乌市佛堂小学教育集团校长等专家，从上述名人中精挑细选出46位。由知名插画师、设计师和毕业于北大、人大、复旦等高校的中小学语文老师、科普作者、历史学者组成创作团队，共同创作了这套符合当下中小学生阅读口味和审美情趣的传记读物。

希望这套书可以让孩子们在欢乐和美的体验中，找到成长的力量。

骑象编委会

2022年5月

# 科学家

## 年表

### 鲁班

春秋末年著名工匠家，是千千万万勤劳智慧的工匠的榜样。

公元前507年—公元前444年

1498年

达伽马到达印度

### 达·芬奇

既是文艺复兴时期人文主义的代表人物，也是历史上有名的科学家、发明家。

1452年—1519年

### 哥伦布

4次横渡大西洋，意外到达美洲。

约1451年—1506年

约1440年

古登堡发明印刷术

### 哥白尼

开创了现代天文学，提出了“日心说”。

1473年—1543年

### 麦哲伦

航海家，世界上第一个围着地球转了一圈的人。

1480年—1521年

### 李时珍

中国历史上著名的医学家、药学家和博物学家，著有《本草纲目》。

1518年—1593年

## 阿基米德

数学家、物理学家、发明家、工程师、天文学家，发现了杠杆原理。

公元前 287 年—公元前 212 年

公元前 221 年 秦始皇统一中国

## 蔡伦

改造了造纸术，对人类文明进步产生了重大影响。

61 年—121 年

## 张衡

中国古代科学家，制作浑天仪和地动仪、发现日食及月食的原因。

78 年—139 年

## 华佗

中国古代著名神医，发明麻沸散，为人实施外科手术。

约 145 年—208 年

272 年 君士坦丁大帝诞生，他是第一位信奉基督教的罗马皇帝

约 700 年 雕版印刷在中国出现

1096 年 乌尔班二世：十字军东征

1300 年 欧洲文艺复兴开始

## 伽利略

被誉为“现代科学之父”，用望远镜观测月球、木星、金星。提出了单摆等时性、惯性定律和自由落体定律。

1564 年—1642 年

## 徐霞客

明代著名旅行家、地理学家和文学家，对喀斯特地貌进行了深入研究和记录。

1587 年—1641 年

## 列文虎克

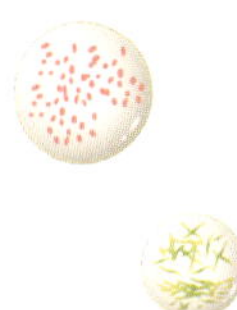

“光学显微镜与微生物学之父”，世界上最早观察记录细菌的科学家。

1632 年—1723 年

1636 年 清王朝建立

## 牛顿

著名的物理学家，发现了万有引力、三大运动定律。

1643 年—1727 年

## 富兰克林

科学家、发明家、政治家、外交家，第一个发现金属尖端放电现象的人。

1706 年—1790 年

## 林奈

“现代生物分类学之父”，奠定了现代生物学命名法——双名法的基础。

1707 年—1778 年

1776 年 美国发表《独立宣言》

1789 年 法国大革命爆发

## 达尔文

进化论的提出者，所著《物种起源》彻底改变了人类对生命起源的认识。

1809 年—1882 年

## 孟德尔

生物学家，现代遗传学的奠基人。

1822 年—1884 年

## 巴斯德

微生物学家、化学家，微生物学的奠基人之一，发明了狂犬病疫苗和炭疽病疫苗。

1822 年—1895 年

## 法布尔

昆虫学家、动物行为学家、作家，著有《昆虫记》。

1823 年—1915 年

## 李斯特

外科手术消毒技术的发明和推广者，被誉为“外科消毒之父”。

1827 年—1912 年

**瓦特**

发明家和机械工程师，改良了纽科门蒸汽机。

1736 年—1819 年

**拉瓦锡**

“现代化学之父”，给氧和氢命名。

1743 年—1794 年

**詹纳**

发明了牛痘接种术，被誉为“免疫学之父”。

1749 年—1823 年

18 世纪 60 年代

英国开始工业革命

**道尔顿**

近代原子论的提出者，靠一双鲜艳的红袜子发现了色盲症。

1766 年—1844 年

**洪堡**

自然地理学家，开创了许多地理学界的重要概念。

1769 年—1859 年

**安培**

法国物理学家、数学家，经典电磁学的创始人之一。

1775 年—1836 年

**诺贝尔**

发明家和化学家，利用自己的庞大财富创立了诺贝尔奖。

1833 年—1896 年

**卡尔·本茨**

优秀的机械工程师，汽车工业的先驱，奔驰汽车的创始人。

1844 年—1929 年

**伦琴**

物理学家，发现了X射线。

1845 年—1923 年

**爱迪生**

发明家，发明了电灯泡、留声机等。

1847 年—1931 年

1868年 日本明治维新开始

## 埃尔利希

细菌学家和免疫学家，1909年找到了治疗梅毒的方法。

1854年—1915年

## 普朗克

物理学家，开创了量子力学。

1858年—1947年

1861—1895 洋务运动

1861—1865 美国内战（南北战争）

## 詹天佑

“中国铁路之父”和“中国近代工程之父”。

1861年—1919年

1898年 戊戌变法开始

## 李四光

地质学家和古生物学家，中国最早进行石炭－二叠纪研究的科学家。

1889年—1971年

## 华罗庚

开创了中国数学学派，是我国在世界上最有影响力的数学家之一。

1910年—1985年

1912年 溥仪退位

## 图灵

“计算机科学之父”和“人工智能之父”。

1912年—1954年

1914年 第一次世界大战爆发

1917年 俄国十月革命

## 屠呦呦

药学家，创制出新型抗疟药青蒿素和双氢青蒿素。

1930年出生

## 居里夫人

放射性研究的先驱，首位获得诺贝尔奖的女性。

1867 年—1934 年

## 莱特兄弟

现代飞机的发明者。

威尔伯·莱特1867年—1912年
奥维尔·莱特1871年—1948年

## 沙克尔顿

南极探险家，带领“坚忍”号成员全部脱险。

1874 年—1922 年

## 爱因斯坦

“现代物理学之父”，提出了相对论。

1879 年—1955 年

## 魏格纳

地质学家、气象学家和地球物理学家，“大陆漂移说”的创立者。

1880 年—1930 年

## 弗莱明

生物学家、药学家，发现了青霉素。

1881 年—1955 年

## 陈景润

数学家，对哥德巴赫猜想的研究有重大贡献。

1933 年—1996 年

1939 年 第二次世界大战爆发

## 霍金

理论物理学家、宇宙学家及作家，以研究黑洞的工作而闻名。

1942 年—2018 年

1949 年 中华人民共和国成立

1969 年 人类首次登月

# 目录

01

# 澡盆里的尤里卡时刻

## 阿基米德

·公元前 287 年—公元前 212 年·

（古希腊）

阿基米德是希腊划时代的“斜杠青年”——既是数学家，又是物理学家、发明家、工程师、天文学家。他曾跟随撰写《几何原本》的“大牛”欧几里得的学生学习……在阿基米德的研究中，让人印象最深的就要数杠杆原理了，他曾经说过：“给我一个支点，我就能撬起整个地球。”

给我一个支点，
我就能撬起整个地球。

你喜欢玩七巧板吗？你听说过十四巧板吗？那是阿基米德喜欢的玩具。他就是那个说“给我一个支点，我就能撬起整个地球”的人。

## 想撬起地球的男人

阿基米德生活的时代，在日常的生产、生活中，人们已经懂得如何巧妙地运用杠杆解决问题，比如，造船工人用杠杆在船上架设桅杆，人们用汲水吊杆从井里取水，等等。阿基米德感到很好奇，为什么杠杆能做到这些呢？没有人能解释这些。他陷入了深深的思考，下定决心要找到答案。

经过反复的观察、实验和计算，阿基米德发现借助杠杆可以达到省力的目的。找到一个支点，手握杠杆的一端向下施加压力，可以轻松抬起另一端的重物，而且手握的地方到支点的距离越长就越省力。他推断：只要能够取得适当长度的杠杆，任何重量的东西都能用很小的力量举起来。于是，就有了下面他这句豪言壮

语："给我一个支点，我就能撬起整个地球。"当然，这只是他的一个假想，因为想要撬起地球，根本找不到那么长和坚固的杠杆，也找不到那个立足点和支点。

刚好国王遇到了一个棘手的问题：国王替埃及托勒密王造了一艘船，但船太大太重无法下水，需要阿基米德解决这个问题。阿基米德巧妙地组合各种机械，让工匠们安装了一套滑车和杠杆。一切准备妥当后，他让100多人在大船前面，一起抓住一根绳子，再让国王另外牵动一根绳子，众人一起用力，杠杆的力使滑车移动，大船居然慢慢地滑到了海中。

原来是阿基米德在拉船的绳子上装了一组滑轮。他的这个发明，到今天都还有用，建筑工地的工人们提重物全靠它；喜欢攀岩的人，身上挂的绳子顶端也会装一个滑轮。

## 尤里卡时刻

阿基米德出生在一个贵族家庭，与叙拉古的国王是亲戚。他的爸爸是个天文学家兼数学家。受爸爸影响，阿基米德从小就对数学、天文学特别是古希腊的几何学产生了浓厚的兴趣。后来，爸爸把他送到了埃及的亚历山大城学习数学，他曾跟随过许多著名的数学家学习，比如欧几里得的学生埃拉托塞和卡农。亚历山大城是当时世界的文化贸易中心，被誉为"智慧之都"。阿基米德在这里的学习经历，为他之后从事科学研究奠定了坚实的基础。

阿基米德是个勤于思考的人，为了解决问题，他时刻都在思考。有一次，国王给了工匠很多金子，让他们去打造一顶金冠。可是，金冠做好之后，国王总觉得怪怪的，他怀疑金匠往金冠里面掺了银子，于是让

## 小知识 阿基米德和圆周率

我们在学习圆的时候会学到一个非常神奇的数叫作“π”，也就是我们常说的圆周率，是数学和物理运算中一个很重要的数。圆周率是圆的周长与直径的比值，如果我们画一个圆，无论这个圆多大，它的周长与其直径的比值似乎是一个定值，约等于 3.14。

第一个记录有严谨计算过程的圆周率算法，就是由古希腊数学家阿基米德发明的。阿基米德开创了人类历史上通过理论计算圆周率近似值的先河。他从单位圆出发，先用内接正 6 边形求出圆周率的下界为 3，再用外接正 6 边形并借助勾股定理求出圆周率的上界小于 4。后来，为了计算的精确度，他不断增加多边形的边数，依次推算了圆的内接正 24 边形、48 边形、96 边形的周长与直径的比值，并取它们的平均值 3.141851 为圆周率的近似值。

后来，我国三国时代魏国的数学家刘徽计算出正 3072 边形的面积；南北朝数学家祖冲之将刘徽的计算继续分割到正 12288 边形，又用刘徽多边形面积公式，求得正 24576 边形的面积，得到了更精确的圆周率，即 3.1415926 到 3.1415927 之间。

阿基米德来鉴定金冠是不是掺了假。既要检验真假，又不能破坏金冠，这下可把阿基米德给难为坏了。

阿基米德苦思冥想了好久，也没有想出办法，饭也吃不好，觉也睡不好。有一天，因为要面见国王，妻子催着他去洗澡。他一坐进澡盆，呀！澡盆里的水上升了，甚至还会溢出来。阿基米德灵机一动，想到倘若找来与金冠等重的纯金块，将纯金块和金冠分别放入盛满水的盆中，看它们各自溢出的水是不是一样多。如果一样，金冠就是纯金的；如果不一样，放金冠的盆里溢出的水多，就说明金冠里面掺了银子。想到这儿，阿基米德兴奋极了，他大叫着“尤里卡”，连衣服都顾不得穿就跑出了门。果然，阿基米德用这样的方法帮助国王解决了问题。

“尤里卡”的意思是“我找到了”。现在科学家还会把重大科学发现时刻称为“尤里卡时刻”。不过这则故事是约200年后罗马时代的产物，阿基米德当时到底有没有这么喊，已经没有人知道了。

阿基米德的这一发现，后来被总结成浮力定律，用来计算浮力，上初中的哥哥姐姐们都要学呢。后来，据说国王要建造一艘超级大船，这个任务又交给了阿基米德。

这艘船要容纳至少1000个人、20匹马，需要装载很多食物和水，还要有浴室、图书馆、马厩和空中花园……阿基米德要精确计算吃水线，设计出最稳定的船形，才能实现这么多的需求。

这里说的吃水线，我们在《曹冲称象》这篇课文里学到过，就是把象放到大船上，水面到达船身的位置。船身越沉，吃水越深，当载重超过最大吃水线时，船就不安全了。每条船吃水线的确定都需要对浮力精确计算。我们在海边看到的商船，仔细观察，船身的一侧都有一条竖着的白色刻度线，上面画了很多条吃水线。这是因为在不同的水域和时间，浮力都不一样。比如每个大洋的含盐量都不一样，浮力也不一样；还有，冬季和夏季温度变化后，浮力也不一样。阿基米德还说，要想让大得像山一样的船稳定，就得设计出好形状。后来，阿基米德将浮力和数学计算相结合，真的设计出一艘100多米长的叙拉古号，这是那时候最大的船！

## 用智慧守护家园

十四巧板

还记得文章开头说的十四巧板吗？十四巧板和七巧板类似，也是将一个正方形拆开，不过是拆成14块。一旦被拆开，重新组装就没那么容易了。阿基米德想知道用十四巧板拼成一个正方形有多少种拼法，于是，他为这个游戏

写了个攻略。可惜没能保存好，很多内容都丢了。除了这个，阿基米德在数学上的贡献还有很多，比如计算球的表面积和体积，后人根据他的计算方法发展出了微积分，等你上了大学，就能在高等数学里学到了。

阿基米德还用智慧保护了自己的国家。当时，罗马军队入侵阿基米德生活的城邦。于是，他想出了很多对付敌军的办法，比如：用蒸汽炮发射炮弹，点燃罗马的船只；还有，利用前面说过的杠杆原理发明投石武器，以对付攻城的部队；另外，他还发明了“起重机”，这是一种挂有铁钩的机械，可以将敌人的战船从海水中提起来，抓到半空中，再重重地摔向大海。在敌我力量悬殊的情况下，他们整整守了3年。

后来，因为寡不敌众，他们还是没能阻挡古罗马军队入侵，阿基米德被罗马士兵杀死了，据说他当时还在研究数学问题。他的墓碑上刻着一个圆柱内切球的图形，以纪念他在几何学上的卓越贡献。

**WHEN?**

**公元前287**：出生于希腊西西里岛叙拉古附近的一个小村庄。

**公元前267**：到埃及的亚历山大城，跟随欧几里得的学生埃拉托塞和卡农学习数学。

**公元前212**：锡拉库扎城被罗马军队攻陷。相传罗马军队进城时，阿基米德还在自家房子前的沙地上画图研究几何问题。罗马士兵走近沉思中的阿基米德，要求他立刻前去面见罗马军队的最高统帅马塞拉斯。阿基米德说：“走开，别碰我的圆！”士兵一气之下便杀了他。

02

# 让你吃上薯条的大探险家

## 哥伦布

·约 1451 年—1506 年·

（意大利）

克里斯托弗·哥伦布大概是吃了学习不好的亏，竟然认为地球是梨形的。他说服“投资人”西班牙王室，资助他 1492 年—1502 年间 4 次横渡大西洋，寻找去往东方的航线，却意外到达了美洲。这拉开了旧大陆与新大陆之间联系的序幕，也促成了东半球与西半球之间生物、农作物、人种、文化、传染病……甚至思想观念的交换。

你吃快餐的时候最喜欢吃什么呀？是薯条吗？你知道做薯条的土豆是怎么来的吗？

土豆简直是庄稼地里的“不死小强”！它在很多地区一年四季都能种，两三个月就能收获，可以称得上是救穷人于水火的神器。它最早出产于美洲，然后被哥伦布“介绍”给了全世界。

这位了不起的航海家无意间发现了美洲，有人称，这是“恐龙灭绝以来生命史上最重要的事件”。历史学家把它称为“哥伦布大交换”，就是因为它，意大利才有了番茄味的比萨，爱尔兰才有了炸鱼薯条，中国才有了爆米花和南瓜饼。

## 成为航海天才

哥伦布出生在意大利热那亚的一个羊毛商人家庭，热那亚是一个贸易港口，是著名的水手摇篮。哥伦布的海员生涯始于青少年时期，他跟随西班牙商船出海工作，吃了不少苦头，但也积累了不少经验。聪明好学的哥伦布不仅擅长使用星盘定位，还能预测风暴何时到来，简直是个航海天才。

他不但擅长航海，还是敢于追梦的人。

500多年前的热那亚跟世界各地都有贸易往来，只有一个地方例外，那就是遥远的东方。欧洲人非常喜欢东方的丝绸、瓷器和黄金，尤其是他们生活中必不可少的香料，由于本地不生产，主要靠商路运输，但是前往东方的路却被土耳其人垄断了。哥伦布渴望自己能找到一条去往东方的航海之路。

25岁那年，哥伦布像往常一样跟随船队出海，在航行到葡萄牙的时候，他们遭遇了其他船队的攻击。整支船队几乎都被击沉了，哥伦布也掉进了大海，幸亏他抓住了一支漂浮在水面上的船桨，他游啊游啊……终于看到了陆地——上了岸，哥伦布才知道，自己意外地到了葡萄牙，这是一个世界航海高手聚集的地方。

在葡萄牙，哥伦布跟着世界航海高手们航行到非洲、英国、冰岛……哥伦布就像海绵一样吸收着各种航海知识，懂得越多，他寻找东方的愿望就越强烈。

受《马可·波罗游记》影响，哥伦布梦想远游去东方！

## 敢梦想的探险家

哥伦布相信“地球是圆的，向西跨过大西洋，就应该能到达亚洲！”

其实，早在1500多年前，学者们就已经认为地球是个球体了，连曾被广泛相信的“地心说”也是在“地圆说”的基础之上提出的。但是，还没有人证实这个观点。从小没机会好好上学的哥伦布却有自己的一套理论，他认为地球虽然是球体，但不是规则的球体，而是梨形的，有一个圆圆的肚子和高高的茎部。

再加上，制订航海计划前，哥伦布仔细阅读了一些书，包括当时唯一的地理著作——托勒密的《地理学》。这本书绘制了8000多个地方的经纬度坐标，对当时的欧洲人来说，是“对已知世界地理情况的最佳指南”。但是，书中的经线不是用天文学方法确定的，很多地方与实际的有

## 小知识　哥伦布大交换

哥伦布大交换是一场东半球与西半球之间生物、农作物、人种（包括黑奴）、文化、疾病，甚至思想观念的突发性交流。其中，物种的交换彻底改变了全球人的生活方式，现在，世界上产量最大的20种作物，前5种（玉米、马铃薯、木薯、番茄、番薯）都源自美洲。其余在榜上的作物（牛奶、大豆、小麦、糖、甜菜、甘蔗、稻米、橙子、洋葱、高粱、鸡蛋、大麦、莴苣、菊苣、苹果）如今已遍布世界各地。

偏差。很不幸，哥伦布被误导了。有的学者指出，哥伦布在计算中又犯了错误，书中的“海里”是阿拉伯的计量单位，哥伦布没有换算成欧洲的“海里”。

根据这个错误的想法，哥伦布所判断的地球周长比实际至少短了8000多千米，所以，在他看来，跨越大西洋去寻找东方，也不是什么不可想象的事情。

哥伦布到处游说，寻找愿意支持他去探险的人。后来，西班牙女王伊莎贝拉一世对他的想法产生了兴趣，提供了一些资金和补给。1492年8月3日，哥伦布率领由3艘远洋航船和约90名船员组成的船队从西班牙出发，开始了海上探险之旅。

那个年代，越洋远航昂贵得惊人，危险程度超过如今人类登月。

哥伦布很聪明，他懂得最先进的航海术：他观察大西洋，发现海上吹着一种方向随季节循环的风，他计算出风向的规律，认为只要顺着这个循环风航行，就有可能到达他们想去的地方，然后再返回启航点。

可是，在海上航行了几天、几个星期，一点儿陆地的踪影都没有。船员们越来越害怕，都打起了退堂鼓，他们和哥伦布说不能再往前走了。但是，哥伦布却有办法，他说：“只有我知道回去的航线，但我是不会告诉你们的，你们只有一条路，就是继续往前航行。”

不管船员怎么哀求或威胁哥伦布，他都不肯回头。去寻找遥远的东方可是他一辈子的梦想，而且哥伦布又是那样执着和坚韧的一个人，怎么可能放弃呢?

## 找到新大陆

终于，在海上艰难航行两个多月后，海浪送来了一根有树叶的枝条、一根开满花朵的树枝和一块好像人工砍凿过的木头……船员们都兴奋极了，高喊：“陆地！陆地！”

WHEN?

约1451 出生于意大利热那亚。

1492 哥伦布的舰队从西班牙西南海岸的帕洛斯港出发。

他们找到了陆地。遗憾的是，这根本不是他们梦想中的东方，而是一片欧洲人之前不知道的陆地——美洲！那里的印第安人很擅长捕捉动物，还种植了很多重要的农作物，比如玉米和土豆。

在人生的海洋上，最**痛快**的事就是独断独航，但最**悲惨**的却是回头无岸。

哥伦布一生4次出征大西洋，最终也没有找到他梦寐以求的古老东方。晚年的哥伦布神志不清，直到去世都不知道他的发现有多么重要。由于他的航海发现，数以千计的动物、植物开始在大陆之间往来不绝。今天的美洲已经成为最大的甘蔗和咖啡产地，原产于美洲的土豆、番茄、玉米等出现在世界各地的菜园里、餐桌上。

哥伦布激发了无数人的探险热情。很快，一个叫麦哲伦的人，穿过美洲，驶入太平洋，勾勒出了一个完整的地球。

| 1492—1504 | 1506 | 1968 |
| --- | --- | --- |
| 哥伦布完成了4次从西班牙到美洲的来回航行。 | 在西班牙北部一个普通的旅店去世。 | 美国国会决定把“哥伦布日”（每年10月12日或10月的第二个星期一）定为全国节日。 |

03

# 地球是宇宙的中心吗？

## 哥白尼

·1473 年—1543 年·

（波兰）

尼古拉·哥白尼的学识非常渊博，他通晓多国语言，曾获得教会法博士学位，做过数学老师、教士，同时还是一名医生。在他的“日心说”发表之前，“自大”的西方人一直认为日月星辰是上帝为了照耀大地而创造的，自然是要围着地球转喽。哥白尼却认为太阳是宇宙的中心，他勇敢地发表了自己的观点。他临终前出版的《天球运行论》被认为是现代天文学的起点，对推动科学革命有相当大的贡献。

清晨，太阳从东边升起；傍晚，太阳从西边落下。于是，我们有了白天和黑夜。太阳是在绕着地球转动吗？

不！“太阳绕着地球转”早已是老掉牙的观念了。16世纪的欧洲，有一个叫哥白尼的业余天文爱好者提出，转的不是太阳而是地球！

可是如果地球在转，为什么地球上的我们不觉得晕呢？我们跳起来再落到地上，位置也没有变化呀！当时的人们也是这么想的。他们还有更可靠的理由：《圣经》说日月星辰是上帝为了照耀大地而创造的，大地在宇宙中心很合理呀；而且连最权威的教会都说地球在中心，上有天堂、下有地狱，那还有什么可怀疑的？

所以，才不要相信什么哥白尼呢！后来的事实也证明，相信哥白尼的人都没有好下场——1600年，支持哥白尼“日心说”的意大利哲学家、思想家布鲁诺，被教会当成异端分子，烧死在罗马鲜花广场；1633年，著名的天文学家伽利略以“日心说”为基础，提出与教会观点不相容的理论，被教会愤怒地软禁起来，直到去世。他们的结局都告诉我们：在那个年代不要公然挑战教会的权威，否则会付出严重的代价！

# 追求完美的天文迷

在哥白尼小时候，他父亲就去世了，在舅舅的安排下，他上了大学，并成为弗劳恩堡大教堂的教士—— 一名侍奉上帝的信徒。上大学时他迷上了天文学，并在天文学家诺瓦拉的影响下学会了天文观测技术和希腊的天文学理论，一有空就去观测天空。那时候观测星星的大多是占星家，没错，就是看星星预言福祸，听起来很迷信，但在当时占星家可算是掌握天文学知识最多的一群人了，诺瓦拉教授就是一位响当当的占星大师。但哥白尼不喜欢算命，他喜欢观测，观测太阳、月亮、星星，享受上帝造物的神奇与完美。

然而，这么完美、有规律的日升日落，却有一个漏洞百出的解释：地心说——地球是宇宙的中心，静止不动，太阳、月亮和其他星球都围绕着地球一圈圈转动。可是人们逐渐发现，根据这个理论推演出的日历越来越不准了，计算出的星星位置也很牵强，而且观察到的星星有时候走得快，有时候又走得慢。即便当时的学者们给日月和行星又加上了各种转轴，这个模型还是与自然世界存在偏差。

哥白尼十分疑惑，一遍遍观测、计算，最后眉毛都皱到一起了：地心说一定有问题！他提出了一个猜想：地球是绕着太阳转的，同时地球自己也在转。太阳才是中心，其他星星都围着太阳转。他初步进行了推演，发现之前很多不合理的

哥白尼手中的日心说模型

人的天职在勇于探索真理。

现象现在解释得通了！他兴奋地写了一篇小论文，题为《浅说》，简单说了说自己的“日心说”理论。

但是嘴角都快咧到耳根的哥白尼很快冷静了下来，他意识到，这是在反对教会的观点，反对人们相信了1000多年的“地心说”。有风险！需谨慎！他摸了摸自己的小论文，眉毛一挑，有了主意。他把小论文写成信，寄给了自己的几个好朋友。

果然，没人敢大肆宣扬。哥白尼心中的小火苗差点儿就熄灭了。他暗自下定决心，要好好收集资料，多多观测，拿证据说话，拿出完美到无懈可击的报告，让世人无话可说！为了研究方便，哥白尼在自己的住处设置了一个小小的天文台，并动手制造了一些天文仪器。他对火星、金星、木星、土星的方位甚至日食和月食，都进行了观测和记录。这些精确的观测在望远镜发明之前是很难做到的，所以后来许多杰出的天文学家都非常钦佩哥白尼。

## 哥白尼，孤独的探索者

1539年的一天，哥白尼家来了个客人。他站在门口，鞋上还沾着泥，眼睛里放出欣喜的光芒，是个青年。

“哥白尼老师，我叫雷蒂库斯，我在北方听说了您。您收我做学生吧！我想学习您的日心说！”他急切地喘着气说。

“你走了很远？”哥白尼犹豫着退了一步，请他进门。

## 哥白尼是个怎样的人？

**学术上**

- 敢于挑战权威、突破传统
- 追求完美
- 沉得住气，忍得住孤独
- 现代天文学之父

**生活中**

- 喜欢通宵观测
- 医术高超
- 有经济头脑和军事才能
- 能够自己动手制作仪器

“我之前在维腾贝格大学教数学，过来的确有些距离。但这不重要，我终于见到您了，您可以收我做学生吗？”雷蒂库斯的热情让哥白尼愣了一下，一时之间不知道怎么回应。

“您能跟我讲讲您的日心说吗？”雷蒂库斯不等回答，已经迫不及待地发问了。

哥白尼突然有些喜欢这个年轻人，他似乎是真的对“日心说”很感兴趣呢。哥白尼眼里带着笑意，看向那双闪着光的眸子，心想：这个小伙子……有前途!

就这样，雷蒂库斯留了下来，成为哥白尼唯一的学生。

雷蒂库斯在弗劳恩堡待了两年。他常常看着哥白尼将前人研究和自己的图纸一字排开，对照着前一天夜里观测到的数据一一演算，心无旁骛。桌上摆的三角仪、象限仪、捕星器，刻度都有些模糊了，又被一遍遍重新刻录了上去。

雷蒂库斯一有机会就缠着哥白尼，捧着他的手稿激动地说："老师，您快把'日心说'出版出来吧！"可是哥白尼总是犹豫不决。雷蒂库斯能够感受到哥白尼的为难，他总是这么淡淡的，不愿让人看出他的心事；有时候，他的眼里又会流露出点点哀伤，他一定也渴望"日心说"被世人看到、理解，哪怕会遭受到一些批判。

## 挑战不可能的老人

终于，在雷蒂库斯的鼓励和支持下，哥白尼又重新振作起来，决定

出版《天球运行论》。他们一起修改、完善原稿，积极做着出版前的准备工作。

雷蒂库斯拿着哥白尼的手稿，来到了当时领先的印刷中心——德国的纽伦堡。因为他需要到莱比锡大学任教，无法留下来监工，于是就把这本书的出版工作交给纽伦堡的一位朋友——奥西安德尔。奥西安德尔是一位神学家和宗教改革家，并且学过天文学，想来他足以胜任。但他却做了一件奇怪的事情：他给读者写了一封信，插在了扉页后面，替换掉了哥白尼原本的序言部分。在信中他声称这本书的结论并不是真实的，而只是提供了一种计算天体位置的简单方法。这封信没有署名，人们默认是哥白尼写的，直到50多年后一个叫开普勒的天文学家比对笔迹分析后，才推断说序言是奥西安德尔所作。不仅如此，奥西安德尔还巧妙地修改了标题，删减了书中一部分内容，让它看起来不那么像一个关于真实世界的观点。

一些人对奥西安德尔的这一巨大欺骗感到震惊，就像当时雷蒂库斯知道此事后的反应一样；但也有些人认为，正是因为奥西安德尔写的那个假序言，哥白尼的著作才得以出版，并且没有立即受到抨击——哥白尼自己也早已意识到了他的观点会招来批评，在他原先的序言中写道：“也许会有一些胡言乱语的人，即便他们完全不懂数学，他

## WHEN?

- 1473 出生于波兰。
- 1491 进入当时波兰首都的克拉科夫大学，学习拉丁语、数学、天文学、地理和哲学。
- 1497 还在博洛尼亚大学读书的哥白尼被弗劳恩堡大教堂任命为教士。

们也要对数学问题指手画脚、做出评判，严重曲解《圣经》中的某些段落，从而达到他们的目的；他们对我的作品吹毛求疵，大加指责，毫无敬畏。我不理会他们，他们的批评毫无根据。”

最终，他还是勇敢地挑战了信奉“地心说”的人！

1543年5月24日，哥白尼因中风走到了生命的尽头。他的双眼浑浊不清了，但他还在等待，等待他的新书。“来了来了！”一个人冲了进来，将一本书塞进了哥白尼的手中。哥白尼用手指轻轻抚摸书的封皮，松了口气。他的《天球运行论》，他的真理，留下来了。

| 1503 | 1514 | 1539 | 1543 |
| --- | --- | --- | --- |
| 在费拉拉大学获得了教会法博士学位。 | 他将自己的论文《浅说》手稿分发给他的几个朋友。 | 雷蒂库斯来到弗劳恩堡，成为哥白尼的学生，推动哥白尼出版他的日心说理论。 | 因中风在波兰逝世，《天球运行论》出版。 |

04

# 环球航行第一人

## 麦哲伦

·1480 年—1521 年·

（葡萄牙）

费尔南多 · 德 · 麦哲伦是世界上第一个围着地球转了一圈的人，但是他似乎脾气不大好。1519 年—1521 年，他率领船队首次环航地球，不幸死于与菲律宾当地部族的冲突中。虽然麦哲伦没有亲自完成环球航行，但是他船上幸存的水手却在他死后继续向西航行回到了欧洲。

好吃的苹果派有一股肉香味，是因为里边有肉桂粉。

欧洲人喜欢在甜点里放点儿肉桂粉。像肉桂、胡椒、丁香这样的香料原产自亚洲，尤其是东南亚国家。在500多年前的欧洲，这些香料曾经是非常昂贵的奢侈品，比如胡椒是按粒计算的，跟黄金一样贵重，甚至可以换土地，充当嫁妆。

其实，香料不是什么稀罕东西。但是欧洲的气候不适合香料的生长，这些东西都要从遥远的东方跋山涉水运输过来。当时交通很不方便，运输香料的人从东方始发，要乘船穿越海洋，坐骆驼走过沙漠，再坐船，再换马车，才能运到欧洲的市场。而且船队、骆驼队和车队时常遭遇海盗、强盗，可能还没走到欧洲，就把命都搭进去了。

运个香料这么难，难道没有别的路可以走吗？巧了，航海家们也这样想，他们也想找到新的航线。这些航海家中，最有名的一位就是麦哲伦。

## 错误的地图和大胆的猜想

麦哲伦出生在葡萄牙一个没落的贵族家庭，10岁时爸爸将他送进王宫服役，后来他担任王后的侍童。25岁那年，他加入了葡萄牙一支由

22艘船组成的远征舰队，这段探险经历使他成了一名经验丰富的航海高手。要知道，那时候，凭借一张有着严重错误的地图进行全球航行，是件多么不可思议的事情。

麦哲伦环球航行的时候，距离探险家哥伦布发现美洲才20多年。那时候美洲的地图是极其不完整的，上面只有一个加勒比海岛，以及一小部分的巴西海岸。依照这份本来就不完整的地图，麦哲伦做了一个大胆的设想，“南美大陆中间肯定存在一道海峡，穿过它就能到达天堂般的香料群岛”。

有了这个想法之后，他开始找人出钱资助他的探险活动，先是推荐给葡萄牙国王，被拒绝后，他又带着这个想法去西班牙碰运气。

如果地图都是错的，那麦哲伦是怎么知道有一道海峡的呢？他当然不知道，这只是麦哲伦超级大胆的猜测，但如果真的找到了，就能获得巨大的财富。

## 跨越美洲

西班牙国王很赞赏麦哲伦的探险计划和勇气，慷慨地给了他一大笔钱，麦哲伦就用这笔钱换了5艘船和260多名船员。第二年，他们穿越大西洋，来到了美洲。他觉得，那道穿越美洲大陆的海峡应该不远了。

果不其然，到了第二年的1月，航海家们

终于看到了一道宽阔的海湾，然而，这根本不是海峡，只是一个向内陆延伸了300多千米的河口。麦哲伦的预言失败了，船员们很绝望，纷纷吵起来。

“什么预言不预言的，全都是假的。”

“他简直就是一个疯子，他的一个预言，不知道害死了多少人。”

“返航吧，前面什么都没有了。”

所有困难都没有动摇麦哲伦的决心。

然而，麦哲伦坚持不放弃，也不准备返航，他向所有船员下令继续向这片没有人航行过的海域前进。对于这个命令，船员们都认为他已经疯了。这片海域非常危险，常年狂风暴雨不断。他们的一艘大船撞上了礁石已经毁了，更糟糕的是食物也快没了。

可是这些困难都没有动摇麦哲伦的决心。

1520年10月，麦哲伦找到了一条深入内陆的海湾，他发现，这里的

## 小知识　大小麦哲伦星系

10 世纪时，在赤道以南的海域，航海家常会在南方的夜空中看到两朵巨大的雾状星云，航海家称它们为“好望角云”。1521 年，麦哲伦率领船队进行环球航行时，首次对它们做了详细的描述。现代的科学家为了纪念麦哲伦对于这两片星云的研究，将它们命名为“麦哲伦星云”，大的叫“大麦哲伦星云”，小的叫“小麦哲伦星云”。

麦哲伦星云是距离银河系非常近的两个邻居，所以它们是重要的天文观测对象。从南半球看，它们一年四季都高高地悬挂在南天天顶附近，从不会落到地平线以下，就像我们在北半球看北斗七星永远不会落到地平线以下一样。可惜的是，在北半球的大部分地区都看不到它们，在我国南沙群岛一带，也只有在非常接近南方地平线的位置才能找到它们。

水是咸的，这说明这条海湾的另一边应该也是一处咸海。另外，还有一个重要的线索是鲸鱼骨。有经验的航海家特别善于通过一些新线索帮助航行，麦哲伦猜测这可能是鲸鱼在海洋之间的迁徙路线。在航行了38天之后，一片广阔的海洋终于出现在他们面前。船员们兴奋极了：

“通道，这就是通道啊！”

“我们竟然成功了，这真是太不可思议了！”

麦哲伦的船队找到了通往亚洲的通道，来到了太平洋上。后来，人们为了纪念麦哲伦，就把这条海峡命名为“麦哲伦海峡”。

## 穿越太平洋

他们穿过海峡，来到世界上最大的海洋——太平洋。他们在这片海洋上航行了3个多月，一直没有看到尽头，船上的食物已经很紧张了，很多船员又患上了坏血病（一种因为长期缺乏维生素C引起的疾病，严重者会死亡），所以，船员们绝望地认为自己肯定会死在这片海洋上。

终于，几天后，事情有了转机，他们来到了临近亚洲大陆的马里亚纳群岛，其中的关岛就像天堂一样出现在他们面前。这个岛上有干净的淡水、新鲜的食物，还有许多土著岛民。麦哲伦和他的船员又奇迹般地得救了！

后来他们离开关岛继续向西航行，不久便到了菲律宾群岛，直到抵达其中的利马萨瓦岛，他们才意识到自己已经横跨太平洋到达了亚洲。又过了十几天，他们踏上了宿务岛。当时，宿务岛的岛民和隔壁的麦克坦岛正在发生冲突，麦哲伦仗着自己有先进的武器，挺身而出：“我愿意帮助你们消灭敌人，打赢这场战争。”知道要打仗，他的手下劝他不要参与，大家认为这是当地人的矛盾，应该由他们自己来解决。而麦哲伦却要借用这场战争树立威严，他想让附近其他岛的岛民臣服。

## 未完成的航行

一个夜晚，麦哲伦悄悄地带了五六十名船员，潜入麦克坦岛，他觉得应该很快，甚至不需要流血就能征服麦克坦岛。然而，麦克坦岛的岛民已经做好充分的准备，他们集合了几千名最强悍的战士来迎接这场战争。

当麦哲伦的团队处于下风时，有船员劝他撤退。麦哲伦根本不相信自己会输，因为他们有着西班牙先进的武器和坚固的盔甲。

在激烈的战斗中，一支毒箭射中了麦哲伦的右腿，他不得不下令撤退。岛民发现他是“首领”，便集中力量攻击他，就这样，麦哲伦被当地的土著杀死了。

后来，他的船员们继续向西航行。到1522年，当唯一一艘幸存船回到西班牙的时候，当初出发时有260多人的庞大队伍只剩下18个人了，很遗憾的是，麦哲伦没有坚持到最后。

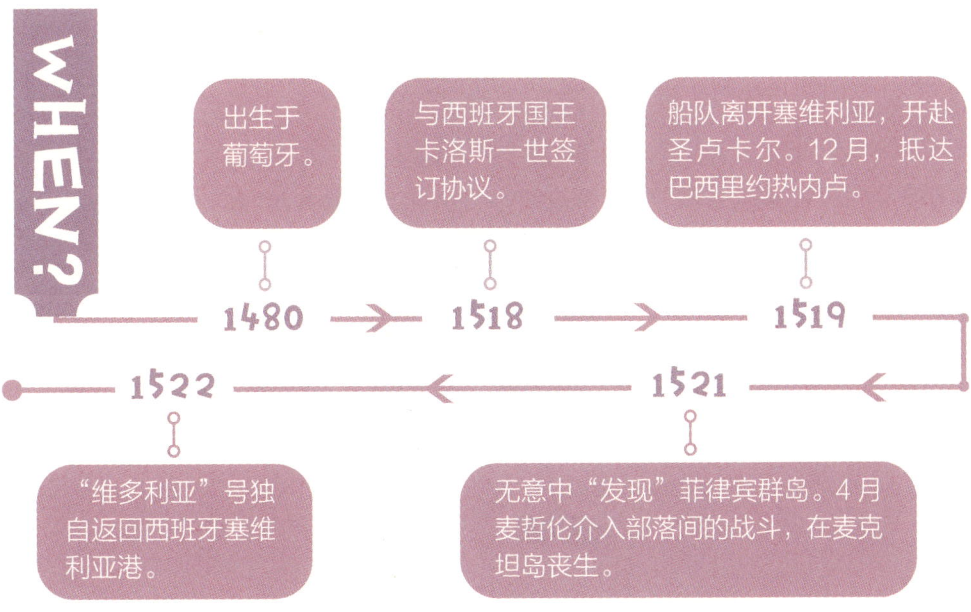

05

# 第一个用望远镜看天空的人

## 伽利略

·1564 年—1642 年·

**（意大利）**

伽利略·伽利雷被誉为“现代科学之父”，他的贡献多到简直数不过来！牛顿、爱因斯坦和霍金都是他的小迷弟。在天文学方面，他的主要贡献是改进望远镜，并将其用于观测天象。透过望远镜，他发现了月球表面的凹凸不平、木星的 4 颗最大的卫星、金星的盈亏现象和太阳黑子等。在物理学方面，伽利略提出了“单摆等时性”“惯性定律”和“自由落体定律”。

在意大利的比萨，有一座非常漂亮的教堂，它有4层楼那么高，教堂内罗马风格的装饰十分华美，在它的旁边，就是著名的比萨斜塔。你可能不知道，在这里，发生了很多改变人类历史的故事呢。

## 第一个望向天空的人

400多年前的一个晴朗的上午，阳光密密匝匝地从顶窗洒进教堂，照在每个虔诚的信徒身上。一场礼拜刚刚结束了，人们纷纷起身，相互交谈着走出教堂，最后只剩下一名年轻的学生。他一动不动地坐在角落里，紧紧地盯着顶棚的吊灯。忽然一阵风吹了过来，吊灯左右摆动了起来，学生的目光也追随着吊灯一起移动。

看着看着，他不由自主地将一只手轻轻地搭在另一只手的手腕上，“咦？这是怎么回事呢？不管吊灯摆动幅度是大是小，它每次摆动所用的时间总是一样的！”

这名年轻的学生才19岁，就发现了一个叫作“单摆等时性”的物理学原理。

那个时代，人们没有表，只有日晷、沙漏之类简陋的计时工具，但是这些工具的误差太大了，1小时要么长要么短，从来都没准过。可有了这个原理就不一样了，一位叫克里斯蒂安·惠更斯的物理

学家就根据它发明了单摆时钟。

　　而这个年轻的学生，就是被爱因斯坦称为“现代科学之父”的伽利略。虽然刚才的故事可能只是传说，但是伽利略的确先后发现了“单摆等时性”“自由落体定律”和“惯性定律”，他还是世界上第一个用望远镜望向天空的人。但是他晚年因为公开支持“日心说”，遭到了教会严厉的惩罚。

## 不走寻常路的童年

接下来，我们就来讲讲他的故事。

伽利略出生在比萨一个没落的贵族家庭。他和莎士比亚同年出生，在他出生几天之后，著名画家米开朗基罗离开了这个世界。

作为家中的长子，伽利略的父母对他寄予厚望。在他17岁时，父亲把他送到了比萨大学学习医学。

但是，伽利略一点儿也不喜欢医学。那时候，伽利略的父亲有位叫里奇的朋友在教一些年轻贵族学数学。伽利略听了里奇的数学课后被深深地吸引了，他立即请求里奇帮忙劝说父亲支持自己学习数学。伽利略的父亲终于妥协了，虽然他仍要求伽利略坚持医学学业，但允许伽利略跟随里奇学习数学和自然科学。这成了伽利略一生的转折点。

## 伽利略和他的三大定律

不久之后，父亲的最后一点儿期望也落空了，伽利略退学了。不走寻常路的伽利略直到5年之后，才得到了一份收入微薄的数学教授职位。为了改善生活，他开始接纳一些贵族子弟作为私人学生，并传授自己的新发现和新思想，这其中就包括“惯性定律”和“自由落体定律”。

“惯性定律”的发现源于伽利略关于物体下落速度与下落时间关系的思考。为了验证自己的猜想，他设计了一系列实验。他让一个小球从表面光滑的斜坡上滚下去，小球落下之后，会继续冲向对面的斜坡。伽利略据此推理，如果没有阻力，小球会继续滚动，永不停止……这就是“惯性定律”。奥运会冰壶运动员可以将手中的冰壶抛得很远，就是因为这个物理性质。

最先研究自由落体的人是亚里士多德，他指出，重物体比轻物体下落速度快，比如一块铁就会比一根羽毛下落得更快，这看起来是符合常理的。但是，伽利略却说：“无论物体轻重，都是以同样的速度下落的，羽毛下落得慢，是因为它受到的空气阻力大。如果是在真空中，铁块和羽毛都应该以同样的速度下落。”

这便是“比萨斜塔实验”所得出的结论，不过从比萨斜塔上扔铁球太危险了，伽利略可没这么干，他只是通过一个假想的实验，就从逻辑上推翻了亚里士多德的观点。

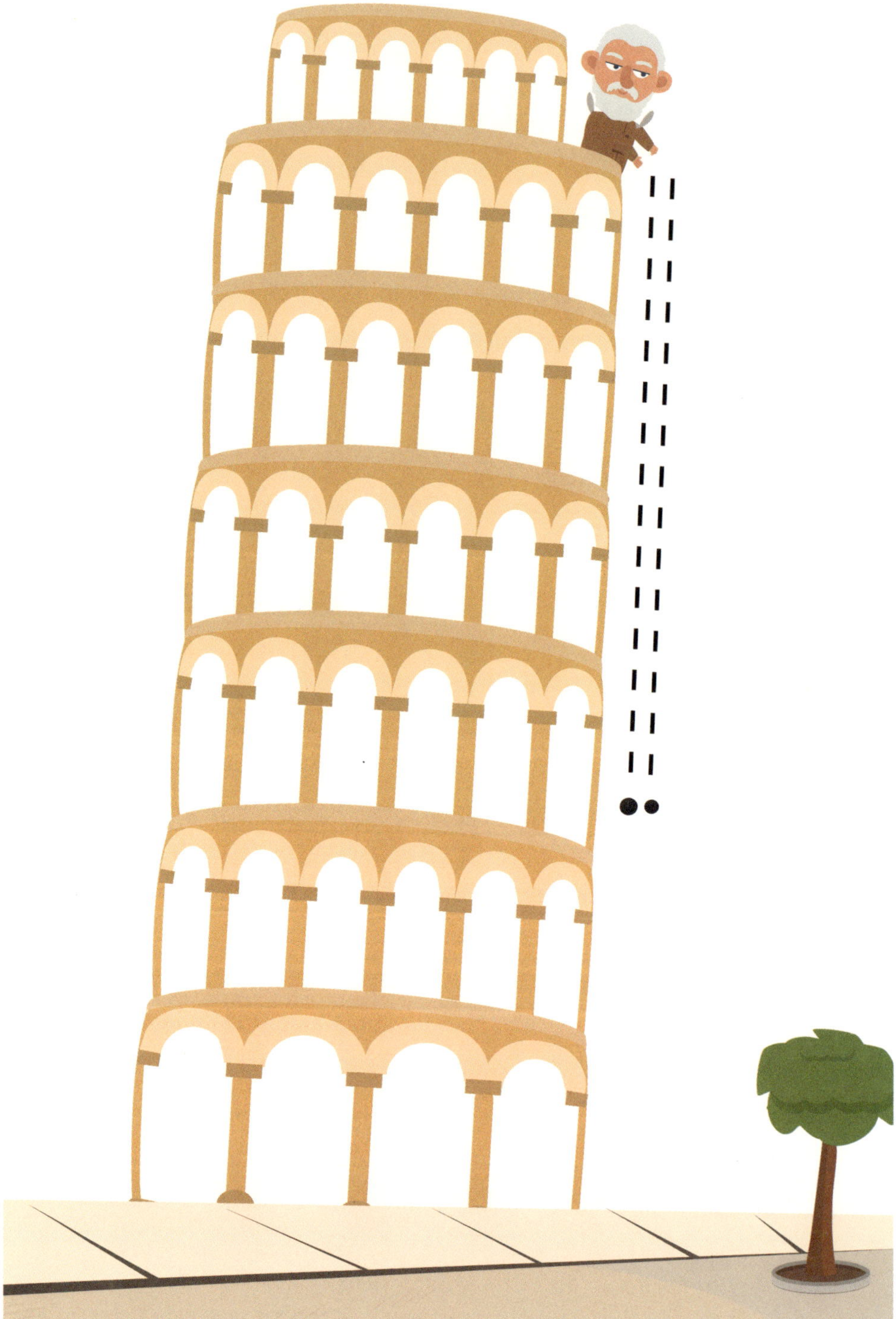

## 探讨天上的问题

伽利略是一个善于发现自然规律的工程师，他发明过各种各样的工具。45岁那年的夏天，伽利略听说有人发明了一种叫作望远镜的新玩意儿，便立刻自己制作了一架，他说："探讨过地上的问题之后，我要开始探讨天上的问题了。"

伽利略制成了**世界**上第一架小天文望远镜。

当时的人们普遍认为，月球是飘浮在完美天界里的一颗无瑕的球体。然而，伽利略通过观测发现，同地球一样，月球表面也凹凸不平，有隆起，有低洼，有高山，也有深谷。

不仅如此，伽利略还在木星的周围发现了4个天体，这4颗卫星在围绕着木星旋转，同时还同木星一起围绕着太阳公转。他将这4颗卫星命名为"美第奇之星"，以致敬他曾经的学生——已经成为佛罗伦萨首领的科西莫·美第奇。作为回报，伽利略获得了宫廷数学家的职务，生活也由此得到改善。

金星的盈亏现象

在望远镜的帮助下，伽利略还发现了太阳黑子、金星的盈亏现象，以及那遥不可及的银河——竟然是由数

## 伽利略是个怎样的人？

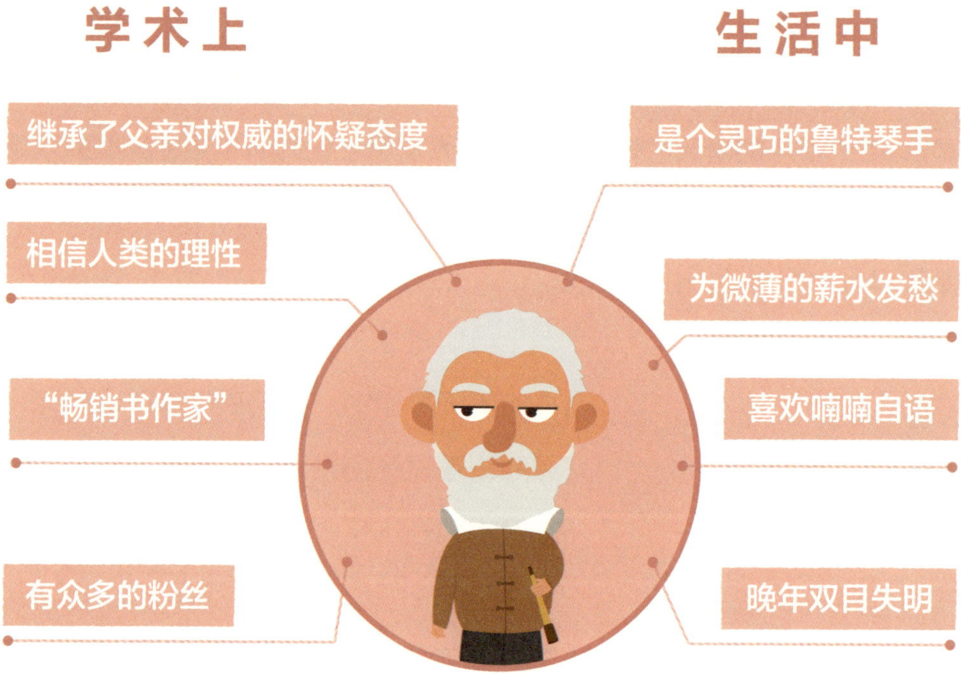


不清的恒星构成的……

伽利略将他的观测结果写成了《星际使者》一书，他没有用学术界通用的拉丁文，而是用了更接近现在意大利语的新拉丁文创作，通俗易懂了许多，所以，这本书在民间引起了极大的反响。

## 支持“日心说”

今天，你一定知道，我们所生存的地球是绕着太阳旋转的。但是，在伽利略生活的那个年代，人们却相信宇宙是一个球体，分为天与地，地球很重，位于宇宙中心，天空则是完美无瑕、轻盈而永恒的9个天层。后来，一个叫托勒密的天文学家把它发展成了“地心说”。因为能够将上帝的存在解释得合情合理，所以，“地心说”很容易就得到了教会的支持。

在利用望远镜看清了诸多天体之后，伽利略对这套理论产生了怀疑。在之后的岁月里，伽利略给自己定了个小目标，他要让教会接受“日心说”。

说来也巧，几年之后，伽利略的朋友成为教皇，这可是个天大的好消息！他很快创作了《关于托勒密和哥白尼两大世界体系的对话》（简称《对话》）。这本书虽说是科学专著，却像小说一样高潮迭起：伽利略设计了一场辩论，有正方、反方和中立的智者，正方是主张“日心说”的伽利略的化身，反方则主张“地球是宇宙中心”。在这场对话中，正方有理有据地驳斥了反方，大获全胜，然后，3个小伙伴儿愉快地结束了对话，去吃了一顿大餐。

伽利略以为自己得到了教皇的默许，却没想到书一出版就激怒了教皇。1632年8

月，一阵雷声轰鸣，《对话》一书的禁令从罗马传送至佛罗伦萨。教皇召开了宗教裁判所会议，决议传唤伽利略到罗马来接受审判。那时，伽利略已经68岁了，他的身体很糟糕，承受不了长途跋涉，更何况鼠疫流行。大家纷纷求情让伽利略在当地接受审判，但是谁也扭转不了教皇的态度。

第二年年初，伽利略乘车前往罗马。在一场持续了5个月的审判之后，伽利略被折磨得精神恍惚，被迫承认自己“错了”。他被判有罪，并被要求宣布放弃“日心说”。

这次审判后，被教廷判处终身监禁的伽利略再也无法回到故乡。后来，他被允许回到佛罗伦萨郊外美第奇赠予的别墅，在那里度过了生命中最后的9年。尽管遭受着精神和身体的双重摧残，伽利略仍努力进行科学研究。终于，他完成了一本力学著作——《关于两门新科学的谈话和数学证明》（简称《两门新科学的谈话》）。这本书是伽利略平生最重要的科学论著，汇集了他在力学和物理学方面所有的实验和理论研究成果，成为近代力学和实验物理学的奠基之作，并为牛顿的经典力学打下了基础。完成这本著作之后，他便双目失明了。

1642年，78岁的伽利略离开了这个世界。不到一年，另一位伟大的物理学家——牛顿诞生了。

## WHEN?

**1564** 出生于意大利比萨。

**1581** 在比萨大学学习医学。

**1582** 听里奇讲授的数学课，决定研习数学和物理学。

**1589** 被任命为比萨大学的数学教授。

**1597** 伽利略致开普勒的信中阐述了他对“地心说”的看法。

**1610** 出版《星际使者》；观测月球以及木星的4个卫星。

**1632** 出版《对话》。

**1633** 被罗马教廷判决软禁，理由是“有强烈异端嫌疑”。

**1642** 在意大利去世。

06

# 发现微生物的布店学徒

## 列文虎克

·1632 年—1723 年·

（荷兰）

安东尼 · 菲利普斯 · 范 · 列文虎克是荷兰博物学家和显微镜学家。他有一个奇特的业余爱好，那就是“磨镜片”。靠自制的利器，他发现了微生物，因此被称为“光学显微镜与微生物学之父”。他自学如何制作和使用显微镜，是世界上最早观察、记录肌纤维、细菌、精子、微血管中血流的科学家。

“饭前便后要洗手”是我们每个人都知道的卫生习惯。

不过，在300多年前，这种简单的道理，不要说我们小学生啦，就连代表当时世界上最高科学水平的英国皇家学会都不知道呢。我们之所以要勤洗手，是为了把手上的细菌洗掉，这些肉眼看不到的微生物，可是让人生病的罪魁祸首。英国皇家学会的科学家们当时并不知道这种小东西的存在，直到1673年的一天，他们收到了一封奇怪的信。

## 一封奇怪的信

科学家们打开来信，一看标题就乐了:《列文虎克用自制的显微镜，观察皮肤、肉类以及蜜蜂和其他虫类的若干记录》。

这算什么题目?科学家们以为是哪个人无聊的恶作剧，而且信还是用荷兰文写的，写的人也没啥文采。可读着读着，科学家们严肃起来，信中的内容是他们毫无所知的神秘事情！于是，他们的态度发生了大转变，认为这是一篇极有价值的研究报告。信中提到的微生物发现者是一个名叫安东尼·列文虎克的人。

列文虎克是谁呀？他们从来没听说过这个人，后来经过了解才知道他的经历。列文虎克是荷兰人，16岁时因为没钱上学到布店做学徒，20岁时回到代尔夫特市经营服装店，后来担任市政厅的管家。

## 从布店学徒到发现微生物

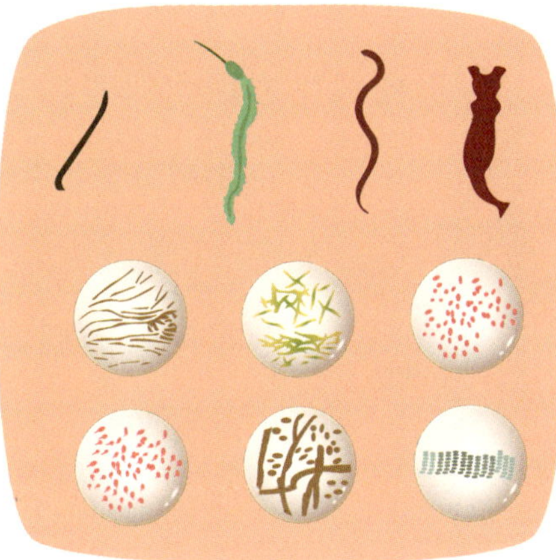

列文虎克在布料店做学徒的时候，需要用放大镜去观察布上面的纤维，那时候，他对于放大镜能够把微小物体的细节展示在眼皮子底下的功能，就有了非常直观的了解。1668年左右，他得知有一位科学家发明了显微镜，但是价格很高，他根本买不起，于是开始琢磨自己做显微镜。

爱动手的人总是第一时间想到自己能不能试着先解决问题看看，而不是坐享其成。

列文虎克还有个有意思的地方，他只会荷兰文，读不懂用拉丁文写的制作显微镜的说明书，就自己研究琢磨，最终制作出了一个直径非常小、放大倍率极其高的迷你镜片。这和当时别人用的显微镜完全不一样，制作这种镜片采用的方法显然不只是简单的打磨。但他的镜片制作方法完全是个秘密，不肯透露给任何人，所以在很长一段时间里，后世的人们甚至无法复现他做的这种仪器。就这样，列文虎克拥有了一台自己的高倍显微镜，他别提多高兴啦！他就像个刚出生的小孩子，对这个世界充满了好奇，什么东西都

爱动手的人总是第一时间想到自己能不能试着先解决问题看看，而不是坐享其成。

要拿到显微镜下观察一下：他把手伸到显微镜旁，只见手指上的皮肤，粗糙得像块柑橘皮一样，难看极了；他初次观察到一只蜜蜂的刺就像一排钢针一样直立，一只虱子的腿竟是那样惊人。

当他把身边和周围能够观察的东西都看过之后，便又开始不满足了。他觉得应该再有一个更好的显微镜。经过反复琢磨，他又在透镜的下边装了一块铜板，上面钻了一个小孔，使光线从这里射入而反照出所观察的东西来，它的放大能力相当大，竟超过了当时世界上所有其他的显微镜。

列文虎克一生制作了将近500台显微镜，而且他不断改进方法，使显微镜越来越精密，现存的9台由列文虎克制作的显微镜中最大的放大倍率为275倍。通过自己制作的显微镜，列文虎克看到了前人从未见过的微观世界。

## 看到另一个世界

1675年，他用陶罐收集了一些雨水，在连续观察了4天雨水后，记录下一段文字："它们非常灵活地游动着，因为它们长着无数细得出奇的脚；它们非常小，我觉得100个这样的动物伸展开来一个接一个地排着，也没有一粒沙子大。"

这是人类第一次观察到细菌，人们由于不能用肉眼看见它们，因而几千年来，竟不知道世界上还有微生物这种东西存在。这些无孔不入的微小邻居甚至在我们体内到处安营扎寨，自由钻进钻出呢。

1683年，列文虎克从自己的牙齿上刮下来一些牙垢，用显微镜观察后目瞪口呆。他发现自己的牙垢上满是活跃的生物，数量之多令人惊讶，比他生活的城市中的居民还要多。

有一次，当他喝了滚烫的咖啡后，再去观察牙垢时，奇怪的事情出现了，那些原本活蹦乱跳的小生物们不见啦！他赶紧又进行了精细的实验，把含有小生物的水加热到比洗澡水热一点儿，结果，那些小生物瞬间就停止了活动。原来滚烫的热水可以杀死这些小生物。

“……许多活着的小小微生物，行动非常灵活。个头最大的那种微生物行动迅捷有力，如同鱼一般快速游动在水中。还有一种微生物常常会像陀螺一样旋转，它们的数量比其他种类的微生物要多得多。”

通过自己制作的显微镜，列文虎克看到了前人从未见过的微观世界。

当时列文虎克可不知道这些微生物是什么，直到200年之后，人们才认识了这些无处不在的细

## 列文虎克是个怎样的人？

菌。而他发现的高温和醋可以杀死绝大多数微生物，要一直到19世纪人们才开始通过这种方法来消毒和避免感染。

此外，他还用显微镜观察了动物的精子、蝌蚪的血细胞等。他一个人悄悄地用显微镜观察着身边所有东西，偶尔也邀请朋友来分享他的发现。一位朋友看到显微镜下的奇妙世界后，完全惊呆了，便建议列文虎克把观察报告提交给英国皇家学会。正是因为这些杰出的观察，他后来成了英国皇家学会会员。

## 奇妙发现惊动世界

列文虎克的发现震动了整个欧洲，引起了很多高贵、有权势的人的好奇，连俄国沙皇、英国国王都纷纷来到列文虎克在代尔夫特的家中做客，整个小镇的居民都惊呆了，他们从来没想过有一天能亲眼见到这些高高在上的君王。在列文虎克的家，这些人用他的显微镜观察那个奇妙的微生物世界，大家都惊叹不已。

遗憾的是，列文虎克去世后，因无人追随其研究，微生物学进入黑暗时期。那时候人们只是看到了微生物，却不认为这些东西对人有什么影响。

直到200年后，通过许多科学家的努力，特别是法国科学家巴斯德的创造性研究，人们才开始认识到微生物与人类的种种关系。

WHEN?

1632 出生于荷兰。

1660 在市政厅担任代尔夫特郡治安官议会的侍从。

1674 发明了世界上第一台光学显微镜，陆续发现、观察、记录肌纤维、细菌、精虫、微血管中血流等。

1677 与他的学生哈姆共同发现了人、狗、兔子的精子。

1683 由他提供的第一幅细菌绘图在《皇家学会哲学学报》上刊出。

1723 在代尔夫特去世，享年91岁。

1N=1kg·m
ΣF=kma
9·8N/kg=9·8m/s²

07

# 从校园霸凌受害者到科学巨匠

## 牛顿

·1643年—1727年·

（英国）

艾萨克·牛顿是一位与苹果有着不解之缘的著名科学家，基于对苹果落地现象的思考，他发现了万有引力、三大运动定律。这4条定律构成了一个统一的物理体系，被认为是“人类智慧史上最伟大的一个成就”，成为现代工程学的基础。他还发现了白光的组成，制作了世界上第一台反射望远镜，首先发展了微积分，系统地表述了冷却定律，研究了音速……牛顿被认为是有史以来最伟大的科学家之一。

苹果砸到牛顿头上，他因此发现了万有引力，这是真的吗？

你是不是也读过这样的故事：一天，牛顿正坐在自家庄园的苹果树下沉思，一个苹果突然不偏不倚地落在牛顿头上。牛顿灵光一闪，然后发现了万有引力定律。

## 苹果砸中牛顿是个谣言？

这个故事已经流传几百年了，大家都以为是真的，其实这只是一个美好的传说而已。后来英国皇家学会公布了一段资料，说明苹果砸中牛顿并不属实。

一位写人物传记的记者斯蒂克利和牛顿同样出生在英格兰林肯郡，

> 没有大胆的猜测就做不出伟大的**发现**。

他利用这层“老乡”关系与牛顿成了朋友。牛顿年老时，常常与这位“忘年交”谈天说地。斯蒂克利记录了很多关于牛顿的生活，其中就包括苹果这件事情。

他是这样记录当时的情况的：“午餐后，天气很暖和，我们走进花园，在苹果树的阴凉下品茶聊天。当时只有牛顿和我两个人。他告诉我，他以前也经历过这样的场景。那时候他也是坐在苹果树下，陷入了深深的思绪中。此前，他就对重力问题有了模糊的认识，这时候，一个苹果掉在地上，打断了他的思绪。

“牛顿开始探究，为何苹果总是垂直地落向地面？为什么苹果不会斜着落下或飞向天空？……很显然，这是因为地球引力在牵引苹果。牛顿由此发现了万有引力定律。”

可是，为什么后来故事变成了“苹果砸中牛顿”呢？

这个故事是法国启蒙思想家伏尔泰写的，因为牛顿是世界上第一个享受国葬待遇的科学家，伏尔泰参加了牛顿的葬礼，并在回忆录中写道：“英国人悼念牛顿就像悼念一位国王。”

苹果砸到牛顿的事情，据说就是他参加牛顿的葬礼回来时，从牛顿的侄女凯瑟琳那里听来的，这个侄女和牛顿一起生活了20年。但是牛顿自己却从来没有记录过这个关于伟大的苹果的故事。

## 一个学渣的逆袭

牛顿出生前3个月，他的爸爸就去世了。由于早产的缘故，他身材矮小，家人都担心他活不下来，谁也没有料到以后他会成为一位科学巨人，并活到了84岁的高龄。

牛顿很喜欢读书，尤其爱看一些介绍简单机械模型的书。没有好朋友，他就自己动手做各种各样的木工玩，他设计制作了很多模型，像小风车、风筝、日晷、纸灯笼之类的。冬天的早上天灰蒙蒙的，他就打着自制的纸灯笼去上学，于是一下子就成了一个小有名气的“科技小神童”。牛顿如果生活在现在，一定是一个乐高小天才、编程小能手！

其实，牛顿刚开始是一个学渣，后来才一步一步逆袭成为学霸。

有一次，在上学路上，一个同班的男孩狠狠地踢了牛顿肚子一脚，这件事情对他刺激很大，因为这个男孩不仅比他强壮，成绩也比他好，这下牛顿急了：“我一定要靠自己的力量战胜他。”

于是他先是向对方下了战书，让他放学后到花园单挑。两个人在花园里打了一架，没想到，原本瘦弱的牛顿这次居然把对方打得直求饶。这还不够，牛顿当面大声宣布一定要在功课上也超越他。

无论做什么事情，只要肯**努力奋斗**，是没有不成功的。

说到做到，牛顿从此发奋读书，很快就在一次考试中考出了全班第一的好成绩。

从此以后，牛顿就像加大了马力的发动机，一路向学霸冲去，18岁进入英国剑桥大学，26岁成为剑桥大学的数学教授，最终成为举世瞩目的科学巨匠。在2003年英国广播公司（BBC）进行的评选“最伟大的英国人”活动排行榜中，牛顿位列第一！

## 现代物理学之父

牛顿不仅是物理学的祖师爷，而且是数学微积分的发现者，还是世界上第一台反射式望远镜的发明者……我们现在的天文学、光学、数学、力学等的建立，都与牛顿密切相关。

牛顿的三大运动定律在我们平时的生活中都能用到。比如，你去滑冰场滑冰，如果不是因为冰面有摩擦，以及存在空气阻力，你可以按这个速度一直滑下去！这就是牛顿第一运动定律，又叫惯性定律，在没有外力或受到的力平衡时，物体可以一直保持原来的运动状态不变。

比如，你在踢足球的时候，向着朝前滚动的足球踢一脚，球就会按你发力的方向加速向前运动。而且，踢球的力气越大，球的运动速度增加得就越快。如果换一个更重的足球，用同样的力气踢它，那么，新足球虽然也会按发力的方向加速运动，但速度增加得就没那么快了。这就是牛顿第二定律。

牛顿的第三定律告诉我们，力的作用是

相互的，比如你拍了墙，自己也会觉得疼，因为墙的力也作用在了你的手上。你可以在溜冰场上玩一个游戏，试着去推你的朋友，你会发现两人都会后退，也是这个原因。

牛顿的万有引力定律指出：任何物体之间都有相互吸引力，吸引力的大小和物体的质量以及两个物体之间的距离有关。两个普通物体之间的吸引力非常微小，我们察觉不到它。不过太阳、地球这些天体就不一样了，质量那么大的物体之间会产生巨大的引力，能使庞然大物绕着太阳转动，引力就成了支配天体运动唯一的一种力。苹果落地，人有体重，月亮围绕地球转，所有这些现象都是由相同原因引起的。牛顿的万有引力定律一下就把很多我们之前不明白的事情解决啦！

41岁那年，牛顿开始把自己20年来勤奋研究的科学成果写下来，3年后完成了这部伟大的著作——《自然哲学的数学原理》。这本书的出版轰动了整个欧洲，让牛顿成为最伟大的科学家之一，最著名的牛顿三大运动定律和万有引力定律都是在这里提出来的。

WHEN?

1643：出生于英格兰。

1665：发现了广义二项式定理，并开始发展一套新的数学理论——微积分学。获得剑桥大学学位，继续研究微积分学、光学和万有引力定律。

1670—1672：负责讲授光学。1672年创制了反射望远镜。

# 牛顿是个怎样的人？

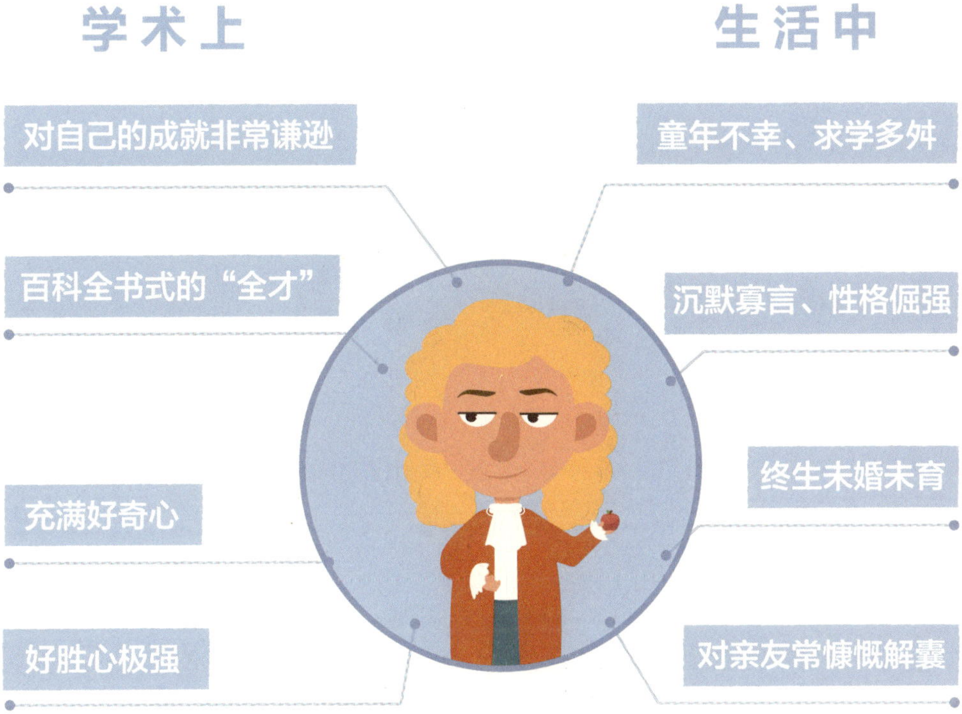


| 1687 | 1696 | 1703 | 1727 |
|---|---|---|---|
| 出版《自然哲学的数学原理》。 | 主持英国最大的货币重铸工作。 | 成为皇家学会会长和法国科学院的会员。 | 在伦敦于睡梦中辞世。 |

08

# “花卉之王”

## 林奈

·1707 年—1778 年·

（瑞典）

卡尔·冯·林奈是一位爱花的男子，他是瑞典的植物学家、动物学家、冒险家，瑞典科学院创始人之一。他奠定了现代生物学命名法——双名法的基础，为科学家们提供了简单易行的鉴定物种的工具，这种方法后来在全世界应用推广。林奈被誉为“现代生物分类学之父”。

如果你走在路上看到一丛漂亮的花，却不知道它的名字，你会怎样向你的朋友描述？

“那儿有好多……小花。”

“小黄花。”

“有5片花瓣的小黄花。”

如果这种花还没有名字，你是第一个发现它的人，你打算给它取一个什么名字？

“小黄花”？“5瓣花”？似乎都不够特别，有太多叫这个名字的花了。

“太阳花”？似乎有许多花看起来像太阳。

“像太阳的5瓣小黄花”？作为名字，是不是太长了点儿？

就叫“探春花”吧！那它和迎春花是什么关系？是亲戚吗？

## 制定命名规则的人

三四百年前，人们和刚才的你有着一样的苦恼。那时候，正是地理大发现时代，每年都有大量新的植物被发现。使用老一套的命名办法要么导致新植物和其他植物重名，要么就出现一种植物有好几个名字的情况。植物学家们为了区分并研究这些植物，甚至给它们取了超级长的名字，相比之下，“像太阳的5瓣小黄花”都还算个短小好记的名字了。这一切，直到一个人出现，才彻底改变，他就是“花卉之王”林奈。

# 爱花的男孩

卡尔·冯·林奈出生在一个牧师家庭，他的爸爸尼尔斯·林奈是一个狂热的园艺爱好者。不知道是遗传，还是胎教、早教的缘故，小林奈也十分爱花。爸爸有一个自己设计建造的花园，里面有许多从各地搜罗来的珍稀植物。林奈还在妈妈肚子里的时候，就已经来过这个花园了。鲜花、草地，小林奈的童年是如此快乐而芬芳。每当小林奈烦躁时，在他手中放上一朵鲜花，他就会立刻平静下来。4岁时的小林奈，已经是会追着爸爸问花名的小机灵了。

可他记性不好，老是忘，爸爸被他问烦了，就严厉地告诉他，下次再忘就不告诉他了。小林奈没办法，只好练就了一身记名字的好本领。8岁时，小林奈还被乡邻们送了个“小植物学家”的别名呢！

别看小林奈一副好问好学的样子，可上学读书时他成绩平平：思想不集中，满脑子花园、植物……爸爸妈妈本以为林奈可以子承父业，成为一名优秀的牧师，可他却对学校神职相关的课程毫无兴趣，也不擅长。

15岁时，林奈通过小学校长介绍认识了约翰·罗特曼，这个人是中学的资深教师，本职是医生（当时的医生同时也是植物学家）。他听说林奈对植物很感兴趣，便劝说林奈的爸爸让林奈跟着他学医。因为当时的医学包含

林奈将植物学这个心驰神往的爱好当成一门严肃的学问来学习。

大量的植物学内容，林奈对植物学的兴趣有利于他尽快进入医学领域。

爸爸重新燃起了希望，于是让林奈开始跟着罗特曼，正式将植物学这个心驰神往的爱好当成一门严肃的学问来学习。在罗特曼的教导下，林奈阅读了大量植物学的书，深化了植物学知识，开始分析植物的归类问题，并以优异的成绩考入了瑞典的隆德大学。

## 潜心钻研的穷学生

1727年，20岁的林奈前往隆德大学求学，这所学校也是爸爸的母校。当时隆德大学的医学和生物学课程极其匮乏，没有植物学教授，医学系也师资匮乏，林奈想要学习更多知识只能自己想办法。经好友胡克介绍，林奈被当地一位知名医生、博物学的狂热爱好者希利安·斯特波斯博士收留了。然而这位博士单眼失明又单足，疾病缠身，性情古怪，看起来并不好相处；林奈呢，衣衫褴褛，看起来也没有什么过人之处，总之一开始两个人谁也没瞧上谁。

林奈在斯特波斯的收藏室里接触了很多矿物、贝类、鸟类及植物标本，并沉迷于观察植物标本制作。凭着勤勉刻苦的学习，林奈获得了斯特波斯的赏识，被允许使用他收藏丰富的图书馆。斯特波斯给了林奈极大的关爱和帮助，使林奈得以在自然科学领域尽情徜徉，并且进一步采集和制作了大量植物标本。

## 放肆追求的探险者

一年后，为了得到更好的教育，林奈转学去了乌普萨拉大学。在这里他结识了鲁德贝克教授——一位游历广泛、在植物学方面颇有建树的老人。鲁德贝克教授非常欣赏林奈的才华，不顾其他人的反对，请刚上大二的林奈为自己代课，并为林奈申请到了特殊拨款，解决了林奈的经济问题。在科学研究中他全力指导林奈，常常向林奈讲他去拉普兰探险的经历。拉普兰是瑞典最著名的原始植物园，那里有未经勘探的原野、种类繁多的鸟类、珍奇稀有的植物……那里的一切都深深吸引着林奈。

然而，他没有钱。他给乌普萨拉皇家科学学会写了一份资助申请，热情地分析了拉普兰考察的价值，并毫无保留地推销自己：年轻、积极、健康、坚忍、单身，具有医学、博物学知识背景……

> 他观察、采集、记录。对大自然的一切，他都兴致盎然。

这不正是考察拉普兰难得的合适人选吗！最终，他得到了一笔并不丰厚的资助，愉快地启程了。

他骑马，所见皆是诗意与奇迹。危险与困苦，不曾使他停下。

他下马，观察、采集、记录。对大自然的一切，他都兴致盎然。

在拉普兰地区，生长着一种纤小的花朵，红白相间，花头低垂。林奈非常喜欢，用自己的名字为它命名：林奈花——他俩多像呀，仅需很小的空间便能生长、开花，谦卑而微不足道。

这趟拉普兰之旅历时5个月，一路上充满了艰难险阻，但林奈都一一克服了，他从未想过放弃。在长达7400多千米的土地上，林奈发现了100多种新植物。回到乌普萨拉后，林奈开始了另一项伟大的事业：撰写《拉普兰植物志》，将他收集来的“珍品”一一整理归类。

在林奈探险精神的影响下，瑞典植物学界出现了一大批探险者。他们广泛游历，探索植物，足迹遍及世界各地，推动了科学旅行的极大发

展，也为林奈带回了大量的“战利品”。

1735年林奈开始游学欧洲各国，考察了许多地方，拜访了一些著名的植物学家，收集了大量的标本。同年，他的《自然系统》出版，他在这本书中首先提出了以植物的生殖器官进行分类的方法。1741年起，他担任植物学教授，任职期间广收门徒，并将他们派往世界各地进行广泛的观察和采集。林奈将这些学生称为“使徒”。后来他专心研究动植物分类学，1753年发表《植物种志》，用他新创立的“双名法”对植物进行了统一命名。

## 分类命名的“花卉大王”

林奈创立的“双名法”命名规则，对植物学分类乃至生物学的研究，都起到了巨大的推进作用。他把自然界分为植物、动物、矿物三界。对于植物的分类，他利用了植物的性别：根据植物雄蕊的数量、相对长度等，将所有的开花植物分为23个“纲”；又根据雌蕊的特征把这些“纲”划分为不同的“目”；然后再进一步根据本质特征划分“属”和“种”。为方便区分物种，“双名法”诞生了。林奈尽可能地缩短植物名字，以12个字为限，用“属”名加“种”名来标识植物特征、植物间的联系——这就解决了我们在本章开头遇到的取名难题。林奈还在最后加上了命名者的名字缩写。直到现在，生物学界还把“双名法”作为生物命名的标准呢！比如林奈花的学

植物有开花植物和不开花植物两种，不开花植物被林奈归入第24纲。

名就叫“*Linnaea borealis L.*”，表示它是林奈花属，北极花种，林奈命名。

晚年的林奈，回到了乡下，回到了花朵环绕之中。他的房间墙壁上也挂满了花朵——从书本里剪下来的大幅图片，铺天盖地，生机盎然。林奈的一生，从花开始，因花而盛，在花中结束。如果回到林奈的时代，你愿意成为这位“花卉之王”的“使徒”吗？

**WHEN?**

- 1707：出生于瑞典斯莫兰。
- 1727：在隆德大学学习医学，一年后转学至乌普萨拉大学。
- 1732：完成拉普兰地区考察，撰写《拉普兰植物志》（1737 年出版），首次使用“性体系”分类法。

# 林奈是个怎样的人？

## 学术上

大量采集和观察植物

全面、有序地给植物分类、命名

广泛游历，培养“使徒”

现代生物分类学之父

## 生活中

语言风格像个诗人

爱花，收集花的图片贴到墙上

有一只宠物猴子

善于交友、拉赞助

喜欢郊游远足

1735 《自然系统》初版出版，成为林奈的代表作。

1753 《植物种志》出版，国际上将其视为现代植物命名法的起点。

1758 《自然系统》第 10 版出版，国际上公认它为现代动物命名法的起点。

1778 1月10日去世。

CO2
火炉
oxygen

09

# 玩火的化学家

## 拉瓦锡

·1743 年—1794 年·

（法国）

安托万 - 洛朗 · 拉瓦锡是一位爱玩火的科学家，他因为火玩得好，成了“现代化学之父”。拉瓦锡研究硫、锡和铅在空气中燃烧的现象，设计了著名的钟罩实验，给出了氧与氢的命名，并且预测了硅的存在。他帮助建立了新的国际通用度量衡单位。拉瓦锡提出了“元素”的定义，并于1789 年发表第一个现代化学元素列表，列出 33种元素。

## 火为什么会燃烧

你知道火为什么会燃烧吗？早在18世纪，人们还不清楚火燃烧的原理，以为能够燃烧的东西里都含有一种“燃素”（燃素是之前的化学家们对燃烧的解释，他们认为火是由无数细小而活泼的微粒构成的物质实体）。当“燃素”被外来的空气吸取出来，燃烧就发生了；大量的“燃素”聚集在一起，就会看到明显的火焰。但是有一位化学家通过化学实验发现了火燃烧的真实原因：可以燃烧的物质与空气中的氧气发生了化学反应，反应太剧烈，就产生了发光发热的现象，这就是火。至于“燃素”，世界上根本就不存在！

人们相信了那么久的“燃素”居然就这样被否定了！这位硬气的化学家究竟是什么来头？他叫拉瓦锡，法国一位非常年轻的科学院院士，做“12天实验”的时候，也不过30来岁。年轻人就是敢呀！不过拉瓦锡的“敢”可不单纯是年轻气盛，他对自然科学那是要态度有态度、要头脑有头脑，实打实的激情与实力并存，特别有底气！

## 不走寻常路的精神小伙儿

1743年8月，拉瓦锡出生了，一家人欢欢喜喜地迎接这个小生命的到来，期待着这位律政界的新星快快长大。律政界？拉瓦锡不是个化学家吗？没错，如果拉瓦锡不玩火，他会是一位令人尊敬的律师——他爸爸和

外公都是高级律师，在巴黎高等法院工作；他自己也念法律，毕业后获得律师资格，即将进入巴黎高等法院。有背景，有能耐，一切似乎顺理成章。然而，早在大学期间拉瓦锡就爱上了科学，高等法院关不住拉瓦锡探索科学的心。于是，他决定不做律师了。

拉瓦锡跑去给一位叫盖塔尔的地质学家当助手，进行采集法国矿物、绘制法国矿物地图的工作。这可不是个坐办公室的清闲活儿，他得去野外，跋山涉水，风餐露宿，考察记录各种矿物。这项工作不仅要脚上勤快，眼睛勤快，手上不停，脑子更不能停。辛苦如影随形，但拉瓦锡乐在其中。石膏、铁矿、硫黄、水……神奇的大自然不仅丰富多彩，而且变化多端。

短短三四年时间，拉瓦锡已经成果颇丰。1768年，年仅25岁的拉瓦锡当选为法国科学院院士，他的热爱终于有了回报。不仅如此，他的妻子玛丽也被他燃烧的热情给点燃了，变身为科学家的小助手，当起了成功男人背后的女人。拉瓦锡研究论文，玛丽就把英文的化学论著翻译成法语以便他阅读；拉瓦锡研究实验，玛丽就把他实验的场景画下来，留作记录；拉瓦锡发表新理论，玛丽就为他大力宣传……热爱着你的热爱，夫妻同心，拉瓦锡如虎添翼。

## 玩火玩出大发现

年轻的拉瓦锡院士即将迎来人生的大爆发。这天，他花大价钱弄来了一个瓶颈弯曲的瓶子和一个玻璃钟罩。玛丽熟练地从他手里接过瓶子，小心翼翼地注入水银，然后轻轻放在炉子上。拉瓦锡把另一头接入玻璃钟罩，放入水银（即汞）槽中做了一个密闭的实验装置，并记录相关数据。两人相视一笑，实验可以开始了。拉瓦锡点

拉瓦锡将这 1/5 的空气命名为“氧气”，而剩下的 4/5 命名为“氮气”。

燃炉子，加热瓶子里的水银，第二天水银表面出现了红渣。玛丽在一旁看着瓶子里的变化，又看看拉瓦锡，他一脸胸有成竹的模样真是迷人。

玛丽拿出画笔，坐到一旁，比画了一下，开始画起来。很快，拉瓦锡面前的实验装置就原模原样地出现在了纸上。玛丽把画拿到拉瓦锡眼前晃了晃，笑着问道："你看还要多久？"拉瓦锡眉头皱了皱，一脸抱歉地说道："红渣还在增加，得守着它，直到没有变化了，实验才能结束。估计要几天吧，舞会应该是去不成了。"玛丽点点头，转身给丈夫倒了杯水。

炉子一直烧着，烧到第十二天末，红渣不再增多，拉瓦锡才熄掉炉子，结束了实验。这就是著名的"12天实验"，又叫"钟罩实验"。拉瓦锡发现，实验中除了出现红渣，实验装置里的空气也发生了变化——空气体积少了大约1/6。少了的空气哪里去了呢？红渣有嫌疑！

拉瓦锡把红渣收集起来，高温加热。红渣起了变化，它释放出了一些气体！拉瓦锡多次重复这个实验，发现红渣加热后得到的气体刚好和钟罩实验中消失的气体体积相等！果然，那消失的气体藏在了红渣里。可为什么只消失了1/6呢？拉瓦锡点起

WHEN?

1743 出生于法国巴黎。

1763 取得法律学士学位，并且获得律师从业证书。

1768 被选为法兰西科学院院士。

1772 完成"12天实验"，又称"钟罩实验"。

1789 发表《化学基本论述》。

1794 被送上断头台。

小火苗，他发现加热红渣得到的气体让火苗燃烧得更加剧烈、更加明亮了！他又检验了钟罩实验里剩余的那5/6，发现剩余的气体既不能用来燃烧东西，也不能用来呼吸。“我知道了，它们不一样！”1777年，拉瓦锡重新进行了磷的燃烧实验，发现约1/5体积的空气消失与磷结合。经过多种实验后，拉瓦锡最终将这1/5的气体命名为“氧气”，而剩下的4/5的气体命名为“氮气”。有氧气时，物体才可以燃烧，氧气会变成燃烧残渣的一部分，而不会凭空消失——让这位年轻的院士称霸科学界的“燃烧氧化学说”就此诞生，“质量守恒定律”也得以实验证实。燃烧吧，火！烧出我的成就，烧出我的名声！

## 断头台上的科学伟人

当然，研究能量和燃烧的不止拉瓦锡一个。有一个名叫马拉的青年也很有兴趣，他家境贫寒，希望努力成为一名医生或者科学家来改善境遇。马拉认为生物有自己的能量，通过一些装置可以捕获这种从生物体中溢出的磁场能量，他把这番见解写成论文寄给了科学院。但这种错误的理论并没有得到科学院学者们的认同，作为科学院主要成员的拉瓦锡

## 拉瓦锡是个怎样的人？

严厉地批评了这个理论，认为它毫无价值，马拉的梦想破碎了。

只是，拉瓦锡没有意识到，他对科学的严谨态度，的确让他成就了自己，却伤害到了一个小心眼的科学爱好者。而且，这次“伤害”即将让他走向灭亡。

1789年，法国大革命爆发。马拉在革命中成了一个小领袖，他迎来了向学术权威的复仇时刻。1793年，拉瓦锡被捕入狱。很快，死刑的命令下达了。1794年，拉瓦锡被押上了断头台，他熊熊燃烧的一生就此熄灭。

你现在知道了吗？“火”为什么会燃烧，又为什么会熄灭？

# 10

# 草根眼里的世界

## 道尔顿

·1766 年—1844 年·

（英国）

据说，约翰·道尔顿靠一双鲜艳的红袜子发现了色盲症，可他的主业……其实是研究化学和物理，他还是近代原子论的提出者。从 21 岁起，他每天进行气象观测记录，长达 57 年，这为他气体的压强研究提供了基础。道尔顿的研究记录在他死后被完整收藏在曼彻斯特，但不幸毁于第二次世界大战的轰炸。阿西莫夫为此感叹：不是只有活人才会在战争中被杀害。

## 除了“草根”，还是“草根”

道尔顿，一个在化学界、物理学界、气象学界、哲学界，甚至是生物学界、医学界都享有赞誉的人，12岁就成了一名小学教师，15岁时和哥哥一起创办了贵格派学校，接着教书。听起来像是个神童长大创造神话的故事，但实际上道尔顿是个“草根”（指平民百姓、普通群众），名副其实的“草根”。

“草根”道尔顿小时候并没有“天赋异禀”，要说有什么特别的——他是个色盲，当然这也是后来才发现的。没有出类拔萃的才华，没有妙语连珠的魅力，说起话来带点儿口音，上起学来——辍学了。一个辍学儿童，也不是天才，怎么当老师呢？这就不得不提到他的草根家庭了。

1766年，道尔顿出生在英国一个普通家庭，爷爷是一名鞋匠，爸爸是一名织工，妈妈是一名家庭主妇，家里有好几个孩子要养，甚至还有没被养活的。家里经济条件不好，所以道尔顿早早就出来工作了，当老师也是凑巧学校缺老师了——可见，道尔顿就读的学校也真的很“草根”。

## 好好保持，我也可以

据说，道尔顿在学校也并不是什么明星老师，因为他太讲纪律了。道尔顿本人是一个非常自律的人，传闻他每天早上6点准时打开窗户，以至于住他家对面的一个太太看一眼他家的窗户，就知道是时候起床做

早饭了。

他在肯德尔镇的中学教书时，结识了一位盲人学者，叫约翰·高夫。高夫先生非常博学，在他的帮助下，道尔顿自学了数学、希腊文、拉丁文、法文和自然哲学。想学的东西太多了，不自律不自觉怎么能学出成果呢？道尔顿发现高夫先生有一个博学秘诀，那就是坚持写日志，把观察到的自然界的事物记录下来，并长期保持下去。于是，他决定开始记录每天的天气。

记录天气可不是简单地写“今天下雨”“今天下雪”“今天下冰雹”，道尔顿的天气日志里会记录温度、气压、降水，甚至还有北极光，所以需要用到一些测量工具。以前在老家，一位爱好自然科学的绅士——鲁滨逊，就曾经教过他如何观测气象，还送给他一个自制的气压计，现在刚好派上用场。但是渐渐地，道尔顿就发现工具不够用了。想起以前鲁滨逊自制的各种精巧仪器，他心痒痒了，搜罗来一堆材料，挽起袖子开始自己制作工具。气压计、气温计、湿度计、雨量计、风速

计、风向仪……为了能写好天气日志，贫穷的道尔顿硬生生把自己培养成了DIY（Do It Yourself的英文缩写，意思是自己动手制作）达人。

开始写天气日志的这一年，道尔顿21岁，往后的每一天，他都坚持观测、记录，从无间断，一直到去世前一天：1844年7月26日。后来人们统计过，道尔顿在这57年里一共记录了20多万条完整的气象信息，这对于科学研究来说是非常宝贵的第一手资料，可谓前无古人。

## 普通里有奇迹

道尔顿思维很活跃，走到哪儿，他就想到哪儿，满脑子都是问题——

为什么会下雨？

风又是从哪里来的？

而且他一有问题就努力去求证，大有“不解决不罢休”的志气。

有一年平安夜，道尔顿挑了一双“棕色”袜子，打算送给妈妈作礼物。他兴奋又神秘地把袜子一亮，眼睛直直地盯着妈妈，看她的反应。妈妈接过来瞧了瞧，忍不住哈哈笑出了声：“谢谢亲爱的！不过……这么鲜艳的颜色！你一定是在逗我！哈哈……”道尔顿脸上的笑容顿时转为疑惑：“这颜色很鲜艳吗？”一旁的弟弟看了看袜子，又看了看妈妈，笑道："挺适合您的呀！真不是开玩笑……"道尔顿也点点头，说："这颜色哪里鲜艳了？很适合您的！"妈妈还是笑着："你们俩就知道拿我开心——这么亮的红色！不过，还是要谢谢我亲爱的宝贝！"她把这当成一个圣诞节玩笑。

可道尔顿还是觉得这事儿有些蹊跷，一定要搞清楚。经过一番调查，他发现他和弟弟天生就对红色和绿色不敏感，很难分辨出这两种颜色。而且，不光是他们俩，很多人都有这个问题。为此，他专门写了一篇论文来讲色盲问题。道尔顿就这么成了第一个发现色盲症的人，也是第一个被发现的色盲症患者。所以，色盲症又被叫作"道尔顿症"。

道尔顿总是能从这样的日常小事中发现点儿什么，一不小心就发掘出一些奇迹来。不过，道尔顿究竟是怎么发现色盲症的，传说有好几个版本，红袜子的故事是其中最广为流传的。后来，他一直想找出自己色盲的原因，他认为很可能是他眼睛里有蓝色的液体，所以他在遗嘱里说，希望在他死后能对他的眼睛进行检验。结果，尸检发现，他的眼睛里并没有什么蓝色液体，他猜错了。直到1990年，道尔顿保存在英国皇家学会的一只眼睛被拿去做了DNA检测，这次有了点儿发现：他的眼睛里缺少对绿色敏感的色素细胞。

## 除了科学，还是科学

自从开始写天气日志，道尔顿对空气的兴趣越来越浓。空气是一种混合气体，主要由氮气、氧气组成。那么问题来了，为什么混合出来的

空气竟然在外观上这样均匀，看起来就像只有一种气体呢？道尔顿又搬出了各种实验工具……经过多次实验，最后他得出结论：这是由于在混合过程中，气体彼此扩散了。而且，他还发现一个规律：混合气体对容器的总压力等于混合前每一部分气体单独对该容器的压力总和——这在后来被称为“道尔顿分压定律”。

> “原子论”：一切物质都是由原子构成的。

道尔顿最伟大的成就是提出了“原子论”：一切物质都是由原子构成的。原子有一定的大小和质量，但原子非常非常小，小到看不见，也不能直接测量。他经过大量实验，揭示了世界组成和变化的奥秘：化学分解和化学结合只不过是把原子彼此分开、又彼此联合起来而已。要创造一个

道尔顿在《化学哲学新体系》中描述的原子

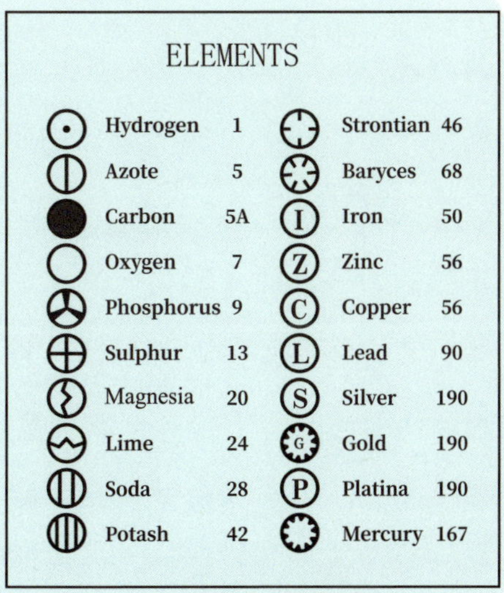


道尔顿的元素表

## 道尔顿是个怎样的人？

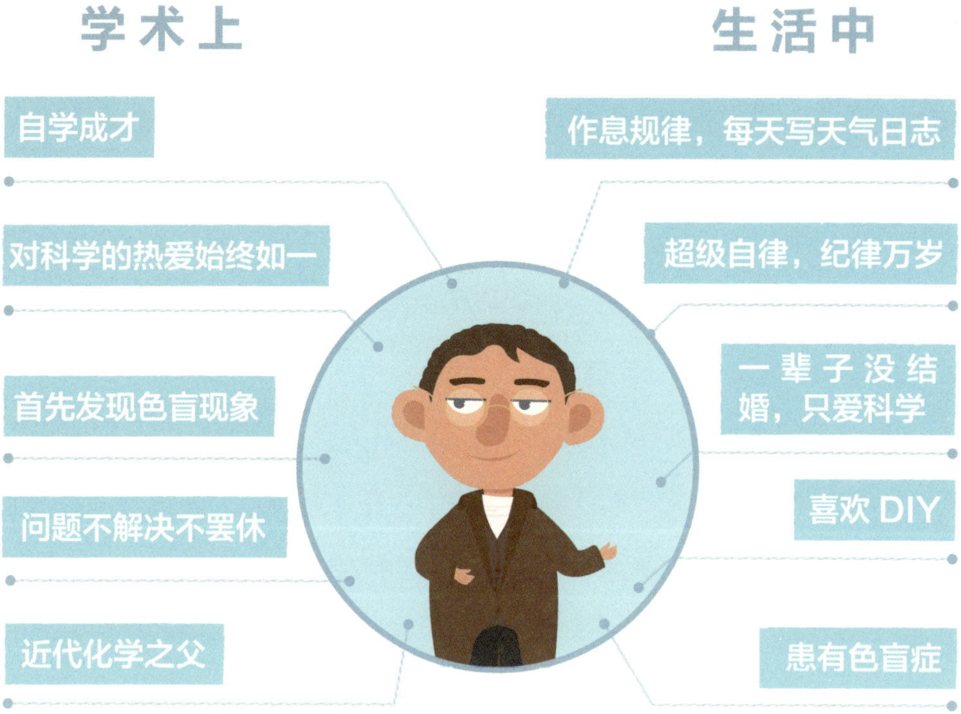


氢原子或消灭一个氢原子，就好比在太阳系里创造一颗新星或消灭一颗原有的星球一样，是不可能的。我们所能进行的一切化学变化无非是把处于化合状态的原子分开，以及把分离的原子联合起来。

道尔顿的原子论让人们第一次认识到，原来花花世界这么奇妙，不管是气体、液体还是固体，都是由一堆原子组成的！以前的很多发现、理论也都解释得通了。于是，全欧洲甚至全世界都知道道尔顿了。1822年，他被选为英国皇家学会的会员。根据惯例，英国皇家学会必须本人写了申请才有机会加入，而道尔顿并没提出申请。当时的皇家学会会长戴维觉得，享誉世界的道尔顿居然不是皇家学会会员，那皇家学会多尴尬呀！所以戴维没有经过道尔顿同意，直接就为他提名了。

1844年，道尔顿在曼彻斯特去世，当地人排起长长的队伍送了他最后一程。他这一生没有结婚，据他说是因为没空。果然，他的生活除了科学，还是科学呀。

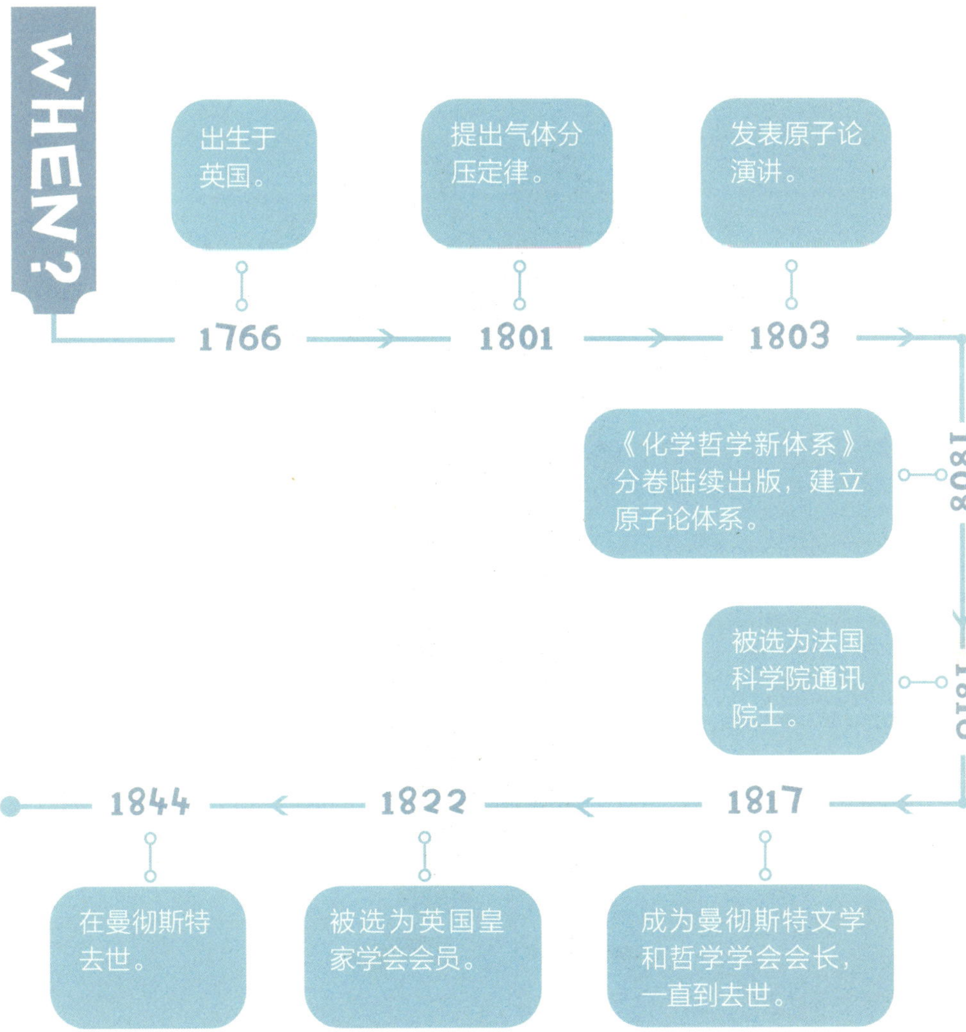

24°C
20°C
A
4°C
8°C
12°C
16°C
16°C

11

# 一个人就是一座科学院

## 洪堡

·1769年—1859年·

（德国）

亚历山大·冯·洪堡一个人就是一座科学院，他懂得太多了，也鉴定了很多新物种，世界上300多种植物和100多种动物都是以他的名字命名的。洪堡认为自然界是一个巨大的整体，各种自然现象相互联系，并依其内部力量不断运动发展。他开创了许多地理学界的重要概念，如等温线、等压线、地形剖面图、洋流等，对地理学和生物学有巨大贡献。

你有没有听说过一种企鹅，叫作“洪堡企鹅”？它们生活的地方不在南极，而是在南美洲。

这种企鹅的名字最早来自一位科学家——洪堡，他是位著名的探险家、自然科学家和自然地理学家。洪堡所拥有的以自己名字命名的事物比任何人都多，如世界上的300多种植物和100多种动物，以及许多山川、河流、城镇。

## 童年的“小药店老板”

洪堡的全名叫亚历山大·冯·洪堡，他的爸爸是德国普鲁士王国的宫廷大臣，妈妈也来自一个很富裕的家庭。洪堡还有一个哥哥叫威廉，比他大两岁。兄弟俩的性格很不同，威廉是个性格沉静的男孩，喜欢读书，而弟弟洪堡却一有机会就从教室里逃出去，漫游乡间，去收集动物、植物标本，查询它们的名字，然后贴上标签分门别类地保存起来。他经常揣着昆虫和花草回家，家里人都笑他，说他是“小药店老板”。没有人把洪堡的兴趣当回事儿，只是觉得他顽皮可笑，大家还是更喜欢威廉。

洪堡从小就很喜欢看有关探险方面的书，他决心长大以后到非洲、南美洲和一些其他地方去游历，他要亲眼看一看海外的世界，找出当时人们不知道的答案。

## 长达5年的科学探险

大学毕业后，他按照妈妈的要求，在普鲁士的一个矿区工作，成了矿井监察员。但是，他一直没有放弃当年探险的梦想。27岁那年，洪堡的妈妈去世了，他获得了一大笔遗产，这成了他后来探险的资金。1799年6月，他获得了一本西班牙海外殖民地的护照，就和植物学家朋友埃梅·邦普兰一起，开始了在南美洲长达5年的科学探险。

航海用的六分仪

洪堡从欧洲上船，离欧洲越远他就越兴奋。他捕捉并仔细观察了海里的多种鱼类、水母、海藻，以及沿途碰到的鸟类。他试着用自己的各种仪器测量温度以及太阳的高度。在海上航行了几十天之后，南美洲大陆终于出现在了眼前。

## 新大陆的奇遇

他们一下进入了一个神奇的世界：老虎、犰狳、猩猩和鹦鹉四处游荡，镇外居住着红铜色皮肤的印第安人，房间里有用珊瑚做成的座椅，椰子壳做的盘子……一切都很奇妙。两个人惊喜万分。

“快看，螃蟹竟然有天蓝色和金色的。”

“是呀，天哪，这棵椰子树高得我都看不到顶。”

“真是太神奇了，能看到这些，我们一路的辛苦真的太值得了。”

“是呀，我都想住在这里了。”

洪堡和邦普兰兴奋得像两个小孩子似的，一直在到处乱跑乱看。

可是，探险毕竟跟旅游不一样，会遇到很多意想不到的危险。洪堡刚到南美洲就遇到了地震，还曾经被蚊子咬得浑身都肿起来了。还有一次，他和邦普兰走了好远的路，热极了，好不容易找到一个水塘，想去洗个澡，没想到刚刚脱掉脏衣服跳进水塘，就发现对岸趴着的一条鳄鱼正向他们游来。他们抓起衣服拔腿就跑，好不容易才脱离危险。

这些美丽而神奇的地方虽然危机四伏，却是观察热带雨林景象和探索大自然奥秘的最理想地区。洪堡收集植物、种子、岩石、动物标本；捕捉观察海里的鱼类、水母和海藻；测量山峰的高度，测定温度、气压……正如他在临行前写给友人的信中所说的那样，他“想探考自然界的各种力量怎样相互作用，地理环境怎样影响动植物的生活……要找到自然世界的一致性”。

## 喷嚏带来的灵感

有一次，洪堡在码头上闲逛，不知道为什么喷嚏不止。当地人告诉他，是海鸟的粪便导致的，因为鸟粪里富含氨元素，氨与空气中的其他化学元素发生反应，会形成一种悬浮于空气中的小颗粒，人吸入这种小

颗粒就会引起打喷嚏，而这个地方的鸟粪堆像山一样高。这简直太令人难以置信了！这里怎么会有这么多的鸟粪呢？洪堡观察到：一股寒流沿南美洲西岸流动，一直从智利南端延伸到秘鲁北部。寒流携带着大量营养成分，滋养了无数海洋生物。而海岸边的鸟以鱼为食，自然种群壮大，由此产生了很多鸟粪山。洪堡测量了寒流的流速和水温，并在之后的著作《宇宙》中报道了这一测量结果。后来，这股洋流被命名为“洪堡海流”，也就是今天的秘鲁洋流，它造就了世界上最著名的秘鲁渔场。除此之外，秘鲁寒流的温度还是判断厄尔尼诺现象的一个非常重要的数据呢。

自打美洲被发现以来，欧洲探险家和殖民者就源源不断地挖掘这块新大陆的各种财富，却没人稀罕鸟粪，如此隐秘的规律，只有洪堡观察到了。鸟粪里富含氮磷钾，是最好的植物肥料，于是洪堡带了一些鸟粪的样品回到欧洲，交给了化学家，自此开启了欧洲人的“鸟粪争夺战”。

## 人类拥有破坏环境的力量

在洪堡生活的时代，人们都认为“自然万物为人而生”。洪堡很了不起，他通过自己的观察和研究，抛弃了这种观念。在热带雨林，洪堡看到了生态失衡带来的种种悲剧。比如，他发现一些西班牙僧侣喜欢从乌龟蛋中提取油脂点灯，来照亮教堂。乌龟每年都会在河滩上产卵，但是很多乌龟蛋都被传教士捡走了，当地乌龟的种群密度急剧下降。原住民告诉洪堡，乌龟越来越少见了。这些悲剧警醒了洪堡，他告诫世人：“人类拥有破坏环境的力量，后果不堪设想。”

洪堡沿途搜集各种动物、植物标本，并把一些奇异的动物和鸟类弄到船上，准备带回欧洲研究，小船上载满了各种各样的奇怪“乘客”。有一次，他们正在河上航行，一场暴风雨突然来临。小船在波浪间颠簸，船舱中的印第安人向导和船工认定小船很快就会沉下去，

洪堡绘制了钦博拉索山剖面地图

都纷纷跳下船向河岸游去。船上只剩下洪堡和邦普兰两个人，风浪越来越大，情况万分危急。邦普兰保持冷静，并且开始用掏空的大瓢把水从船里舀出去。“别担心，我的朋友，”他对洪堡说，“我们会没事的。”

风雨飘摇的小船上，这对志同道合的好友始终没有放弃，终于平安渡过了最危险的河段。最后，他们仅丢失了一本书，并将捞上来的植物和记录重新晒干。

## 万事万物皆有联系

这场南美洲探险之旅用了5年，行程6.5万千米。洪堡克服了常人难以想象的困难，收集了大量动植物标本、矿物、化石，记录了许多沿途的真实资料。他鉴定了2000多种新的植物，带回来的植物标本有6万多株，要知道，当时世界上已知的植物只有6000多种。在这些发现里，还有一种金鸡纳树，其树皮里的奎宁，是治疗疟疾的特效药。

但洪堡不打算将藏品据为己有，而是将它们寄给居住在欧洲各个地方的学者，因为他相信，只有分享才能促成更新、更伟大的发现。

你还记得洪堡测量的温度和气压吗？他将这些数据绘制在同一幅地图上，由此指出在赤道不同的位置，即同一纬度上，陆地和海洋的温度是不一样的。洪堡是世界上第一个把科学数据画出来的人，他将自己成百上千的笔记“翻译”成易于理解的图表。

洪堡首创了等温线、等压线的概念，绘出了第一张等温线世界地图。

在洪堡之前的时代，发现新物种的科学家一般只关注分类，没人关注生物多样性的重要。但是，洪堡发现了这些关联，因此他被人们称为“生物地理学之父”。

洪堡在南美洲旅行走的路，相当于绕地球一圈半。从南美洲回来之后，洪堡写了好多书，主要有《1799—1804年新大陆热带区域旅行记》30卷、《植物地理论文集》、《中亚细亚——关于山脉和气候比较研究》3卷、《宇宙》5卷。其中，《宇宙》是第一部将地球作为一个整体来研究的书，也是一部关于地理学和地质学的百科全书。

洪堡的知识非常渊博，在地质学、生物学、地磁学、自然地理学等方面，他都进行了研究和探讨，是近代气候学、植物地理学、地球地理学的创始人之一。从美国总统杰弗逊，到写《瓦尔登湖》的大作家梭罗，再到大数学家高斯……社会名流们都想和洪堡聊天。就连生物学家达尔文都是他的“小粉丝”。

当时的著名诗人歌德很敬佩洪堡的才学，他赞颂说：“洪堡像一个有许多龙头的喷泉，你只要把一个容器置于其下，随便一触，任何一边都会流出清澈的泉水来。”这形象的比喻，对洪堡来说恰如其分。

# 洪堡是个怎样的人？

## 学术上

- 学识渊博、涉猎广泛
- 工作热情、业绩出色
- 登高纪录保持了29 年
- 名字被命名最多的人
- 多门学科的开创者与奠基者

## 生活中

- 热爱旅行和探险
- 与哥哥一起创办大学
- 提倡人人平等
- 终生未娶
- 喜欢交友、慷慨助人

## WHEN?

1769 出生于德国柏林。

1797 辞去了在矿业部门的职务，并开始准备到南美洲科考的行程。

1799 到达美洲，在这片土地上旅行了5 年，尽可能多地采集并研究了动植物标本。

1859 离世，享年 90 岁。

N
S
A
I
B

# 12

# 小迷糊大书虫

## 安培

·1775 年—1836 年·

**（法国）**

安德烈 - 玛丽 · 安培是法国物理学家、数学家，经典电磁学的创始人之一。你可能永远也忘不掉他，因为他的名字会是我们在考卷上写得最多的科学家之一，“安培”是每个中学生必须掌握的物理学单位。安培最突出的贡献是在电磁学方面，他只花了很短的时间就研究出了电磁学的重要定理和法则。为了纪念安培在电磁学上的贡献，人们把他的名字“安培”作为电流在国际单位制中的单位。

你在家写作业的时候是不是总是望向窗外，想一下子飞奔出去玩个痛快？如果这时候被爸爸妈妈发现了，可能就免不了挨训。

但是有一个人，他却因为学习太专心了，让爸爸很担心呢。

## 都是专心惹的错

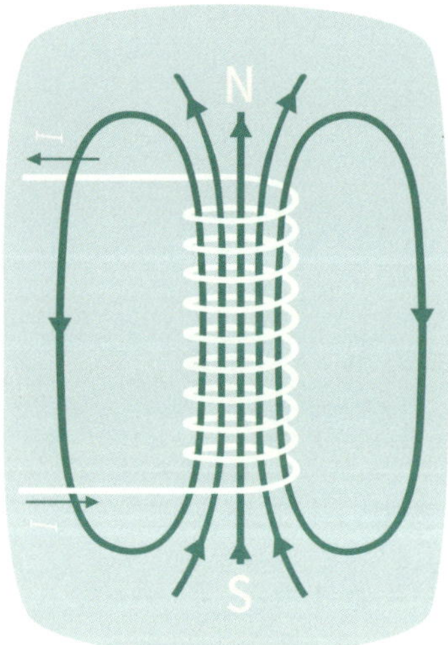


安培定律

这个人就是法国物理学家安培。太专心应该被爸爸表扬呀，怎么爸爸还担心呢？

有一次，安培走在大街上，突然想起来一道题怎么做了。咦，前面竟然有块“黑板”？于是，他就掏出粉笔在这块“黑板”上写了起来。谁知道，他写着写着，“黑板”跑了，他就一边跑一边写。你猜怎么着？那压根就不是黑板，而是马车后面的车厢！

原来思考问题太专心，还会闹出这样的笑话！这还不算什么，他还遇到过更严重的事情呢！

一天，他在塞纳河边散步，满脑子想的都是昨晚那道没有解开的题。一边想着，一边随手捡起一块鹅卵石装进口袋。过了一会儿，他准备回家，就把“鹅卵石”掏出来扔进河里。等他想看看几点时，拿出来的竟然是一块鹅卵石。糟了！怀表被他当作鹅卵石扔进了河里。哎呀，好心疼那块怀表呀。

## 一点儿也不迷糊的“大书虫”

安培不仅是个专注力很高的“迷糊虫”，还是个“大书虫”。

他的爸爸受卢梭教育理论的影响，为他设立了一个藏书丰富的私人图书馆，所以他从小就博览群书。12岁时就开始学习微积分。13岁时，递交了自己的第一篇数学论文。14岁时，钻研了法国启蒙思想家狄德罗主编的35卷本的《百科全书》，这套书当时在欧洲特别流行，包含了当时人们研究的所有知识，就像我们现在用的百度和谷歌一样，能查到你想要的资料。

> 安培一生最主要的成就是对电磁作用的研究。

## 发现神秘现象

2600多年前，古希腊人记载了一种神秘的现象：用一块布在琥珀上摩擦，琥珀会产生一种力量，可以让头发竖起来，也可以吸起羽绒和麦屑。同样在希腊，在一个叫Magnesia的小镇上，人们发现了一种能吸引铁屑的石头，取名Magnet，即磁铁。

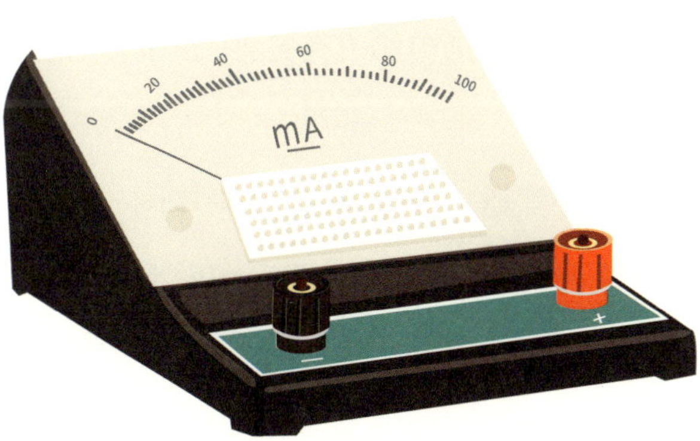

电流表，也叫安培表

之后很长一段时间，

## 小知识 国际单位制的7个基本单位

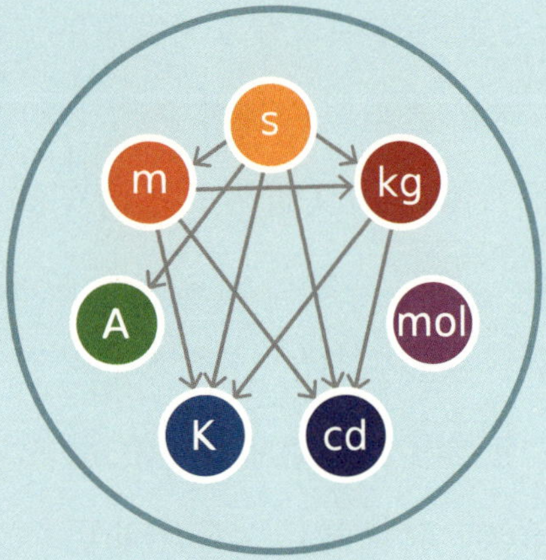


安培是国际单位制中表示电流的单位，符号是A。它是国际单位制中7个基本单位之一。其他6个分别是时间单位秒（s）、长度单位米（m）、质量单位千克（kg）、热力学基本温度单位开尔文（K）、发光强度单位坎德拉（cd）、物质的量单位摩尔（mol）。根据国际计量大会规定，这7个基本单位就像7块彼此独立又相互支撑的“基石”，物理学各个领域的其他单位，都可以由它们通过数学运算导出。

科学家都没发现电和磁之间的关系。

到了1820年，丹麦物理学教授奥斯特在授课时，无意中发现当电流通过一根电线时，桌子上的磁针在转动。难道电和磁有关系吗？他赶快进行研究，并发表了论文。

两个星期后，安培做了更详细的实验，他发现当电流是同一方向时，两根电线会互相排斥；当电流方向相反时，两根电线就会互相吸引。原来电流也能像磁铁一样产生磁场！

随后，在几个月之内，安培连续发表了3篇论文，并设计了9个著名

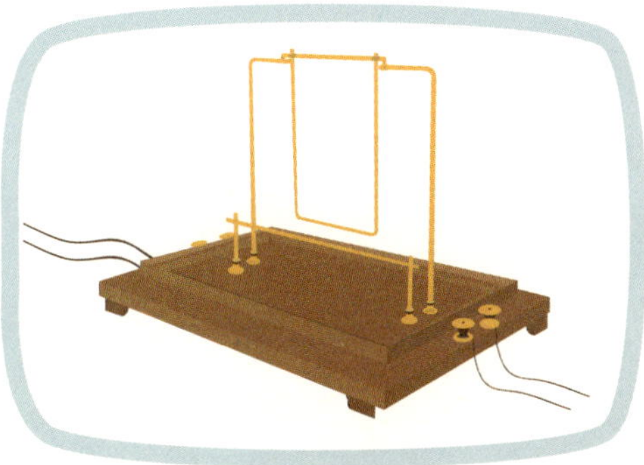

安培的实验装置

的实验，得出了著名的安培定律。这个定律的发现，让人类更进一步掌握了电学原理。

1821年，他首次把研究动电的理论称为“电动力学”，也就是后来的电磁学。后来，安培还创制出世界上第一个螺线管，并在此基础上发明了探测电流的电流计。

如果你有上中学的哥哥姐姐，可以问问他们是不是知道一个叫“安培”的单位，然后考考他们，安培为什么会成为电流的单位，他们很可能会输给你哟！

WHEN?

1775 出生于法国里昂。

1804 发表一些概率论及数学分析方面的论文。

1820 提出载流导线中的电流与其产生的磁场之间的关系，即安培定律。

1827 获选为英国皇家学会外籍会员，一年后又当选瑞典皇家科学院外籍会员。

1836 6月10日早晨逝世。

13

# 你是猴子变来的吗？

## 达尔文

·1809 年—1882 年·

（英国）

查尔斯·罗伯特·达尔文小时候可不是“乖乖仔”，登山、划船、钓鱼、抓虫、捕鸟……就是不听父亲的话老老实实学医。不过，他可不是瞎玩儿，达尔文乘坐“小猎犬”号开启了将近 5 年的环球航行，对动植物和地质结构等进行了大量的观察和采集。根据这些调查，达尔文提出所有生物物种都是由少数共同祖先经过长时间的自然选择过程后演化而成的。他的《物种起源》彻底改变了人类对生命起源的认识。

# 英国最“危险”的人

你知道你是从哪里来的吗?

很多小朋友都问过自己的妈妈这个问题，他们得到了五花八门的答案:

“从垃圾堆里捡回来的。”

“从商店里买回来的。”

…………

聪明的你一定知道小孩是从妈妈的肚子里孕育出来的。那么，你知道地球上第一个人是怎么来的吗?

人们一直在思考这个问题。信奉上帝的人相信，人类是上帝创造的，尤其是100多年前的西方人对此深信不疑。可1859年的英国发生了一件事情，使上帝遭到了质疑。一个叫达尔文的博物学家出版了一本书——《物种起源》，里面说生物不是上帝创造的，而是在自然的选择下不断“进化”来的，比如说人就是从猴子变来的!

一时间，大家都慌了：什么？说好的上帝造人呢？我们被骗了？真相究竟是什么？人难道要管猴子叫爸爸吗？想想猴子那红红的屁股，再摸摸自己的——这真是太疯狂了!

在一片“恐慌”中，《物种起源》居然成了书店最受瞩目的新书，人们本着凑热闹、看笑话、追热点、赶时髦的心态，迅速买光了第一批货，书店老板后悔得直拍大腿：当初怎么就看走了眼，没有多订些货!

而达尔文，这个“大逆不道”言论的创造者，也得了一个“荣誉称号”：英国最“危险”的人。

## 牛津大辩论

不到一年，达尔文就成了科学界最具争议的大名人之一。对于他的“进化论”，人们或拥护，或嘲笑，或观望，或探究，众说纷纭，莫衷一是。

1860年6月30日，在英国牛津自然博物馆展开了一场由达尔文“进化论”引发的辩论，这是人类科学史上、哲学史上的一件大事，史称“牛津大辩论”。当天的牛津自然博物馆大约有700名听众到场，其中有科学家、宗教界人士、牛津大学的师生以及一些普通听众。辩论的两个代表人物，一位是神创论的主教威尔伯福斯，一位是生物学家赫胥黎。赫胥黎认为人类与猿类起源于一个共同祖先，他的主要观点是，人类的高贵身份并不会由于人猿同祖而降低。威尔伯福斯当然极力反对这种说法，于是你方唱罢我登场，辩论非常热烈。

据说场面一度失控，一位太太当场被吓晕了过去。而此时，辩论的焦点人物达尔文先生却因为身体不适没有来到现场。

## “不务正业”的猎手

达尔文小时候就表现出对大自然强烈的兴趣，他不仅喜欢收集各种昆虫、贝壳、矿物，想要竭力弄清楚各种植物的名称，还喜欢观察鸟类

为了吃到树上的叶子，短脖子的长颈鹿在进化中逐渐被淘汰

的习性，并做出标记。后来，他迷上了打猎，要不是家里管得严，他很有可能会成为一代捕猎高手。

然而，沉迷于探索神奇大自然的达尔文，对学校的课程一点儿也不感兴趣，尤其反感学校对诗歌的重视。他觉得，苦苦背诵的诗篇，转头就忘得一干二净了，有什么用呢？小学毕业的时候，他的成绩不高不低，可想而知，成绩中等的他并不能让父亲和老师另眼相看，在他们眼里他不过是一个普通的孩子，智力并不突出。

晚年的时候，达尔文在自传中写过，父亲甚至曾严厉地说他：“你关心的只是打猎、玩狗、捉老鼠，这样下去你会使你自己以及我们全家都蒙受耻辱的。”达尔文被说得心里难受极了，低着头强忍着眼泪。从记事起，爸爸在他心里就是一个非常和善的人，爸爸这样责备他，看来真是气极了。也难怪，爸爸是远近闻名的医道圣手；爷爷除了是备受尊敬的医生，还是位颇有名气的诗人；而自己，却游手好闲、不务正业……

# “小猎犬”号环球旅行

爸爸把达尔文送去爱丁堡大学学医，但达尔文却花大量的时间参与课外活动。他跟随博物学家格兰特去野外考察，在观察和描述海洋生物方面得到了训练，这些技能使他在多年后的“小猎犬”号航行中一展才华。

两年后希望落空的爸爸又把达尔文送去剑桥大学学神学，但达尔文对自然历史的兴趣越来越浓，还结识了植物学教授亨斯洛和地质学教授赛奇维克。在两位老师的帮助下，他的兴趣得到了极大的拓展，并掌握了一些研究自然界的新方法。毕业后，他跟随赛奇维克去北威尔士进行地质考察，并梦想有机会去热带地区做博物学研究。很快，实现梦想的机会来了——

达尔文收到了亨斯洛教授的信，信上说“小猎犬”号军舰的船长要到南美海域进行考察，想要招一个志愿者，作为博物学家参加他们的旅行。教授举荐了达尔文。

这次旅行，达尔文太想去了！可是爸爸知道后强烈反对，他说：“如果有一个头脑清醒的人主张你去，我就同意。”

达尔文的舅舅是一名富有的陶器商人，后来还成了议会议员，是达尔文父亲尊重的人。达尔文童年时就常跟随舅舅打猎，因此他对于达尔文出海的事有完全不同的看法。在他的劝说下，爸爸终于同意了！

## 物竞天择，适者生存

> **科学**就是整理事实，以便从中得出普遍的规律或结论。

在旅行中，达尔文的重要工作之一就是考察记录，采集标本，观察各个地方的岩石和化石以研究地质。他去过热带，被那里植物的壮美深深震撼；他到过南美洲的巴塔哥尼亚和最南端的火地岛，奇诡干旱的大沙漠、被森林覆盖的绵长山脉让他肃然起敬；他见过尚未开化的土著人，赤身裸体；他还研究过圣赫勒拿岛的珊瑚，加拉帕戈斯群岛上动植物的奇异关系……

达尔文发现，生物似乎是在不断变化的。那是在南美洲西边的加拉帕戈斯群岛，达尔文花了35天时间制作了大量标本，观察记录了许多物种，其中有一种鸟引起了他的兴趣。群岛的岛与岛之间距离并不大，许多岛上都有这种鸟，但奇怪的是这种鸟在不同岛上的样子区别非常大，有些鸟的胸部是灰白色的、没有任何斑点和条纹，有些鸟的胸部却是深色的带状条纹，它们大小各异，鸟喙形状也大不相同。达尔文很疑惑，这些区别比他在整个美洲大陆上看到的都大。他开始意识到，这些区别意味着物种产生了变化，生物并不是一下子就被创造成现在这样的！

达尔文后来在《物种起源》中提出，在生物繁衍的过程中，后代会随机继承上一代的基因特征，而且还可能发生突变。由于这个过程非常偶然，生物就悄悄地变得多样起来。经过自然环境的选择，一些能适应气候和栖息地的改变、病毒的侵害、天敌的捕猎等的生物就存活了下来。而这些生物身上能适应环境的基因特征也就被保留下来，传给下一代，下一代又在自然环境的选择下淘汰一部分、存活一部分……这就是为什么物种在漫长的岁月里、不同的环境下会演变成新的物种。

达尔文的进化论刷新了人们对生物起源的认识，摧毁了神创论和物种不变论。1882年，达尔文因病逝世，他被埋在了“近代物理学之父”牛顿的墓旁。达尔文曾说：“我是个天生的自然科学家。”他的进化论无疑证明了这一点——进化论被恩格斯列为19世纪自然科学的三大发现（另外两个是细胞学说和能量守恒及转化定律）之一。

WHEN?

1809：出生于英国什罗普郡。

1831—1836：乘坐“小猎犬”号军舰进行环球考察。

1839：与艾玛·韦奇伍德结婚。艾玛信仰上帝，而达尔文不信教。

# 达尔文是个怎样的人？

## 学术上

热爱探索大自然

喜欢做标本

有极强的观察力

为了真理敢于与主流为敌

进化论的奠基人

## 生活中

枪法精准

喜欢散步，收集虫子和植物

不信教

晚年心脏病严重

晕船

**1859** 发表《物种起源》，提出生物进化论，进化论被称为“19世纪自然科学的三大发现”之一。

**1871** 《人类的由来及性选择》出版，阐述了人类由低级生命形式进化而来的证据和性问题。

**1882** 4月19日，在达温宅去世，被厚葬于威斯敏斯特大教堂，与牛顿的墓相邻。

T
T
t
Tt
Tt
T
T
t
TT
t
Tt
Tt
tt
TT
Tt
Tt
tt

14

# 种豆神父的漫长事业

## 孟德尔

·1822 年—1884 年·

（奥地利）

靠种豌豆发现了遗传的秘密！他就是格雷戈尔·约翰·孟德尔，奥地利帝国生物学家，现代遗传学的奠基人。尽管农民们一直知道植物的杂交可以获得某些有利于农业生产生活的性状，但是，直到孟德尔进行豌豆植物实验才建立起许多遗传规则，现在被称为“孟德尔定律”。

# 种豌豆的神父

1856年，在奥地利帝国有一位叫孟德尔的神父（一个教堂的负责人，负责管理教堂所辖区域的教务，进行宗教活动），他每天都会去修道院后面的园地里，拿着锄头虔诚地捣鼓——他在种豌豆。在此之前，他已经花了两年时间思考种什么。他考虑过20多种植物，最后看上了豌豆；又从34个不同品种的豌豆里，相中了22款。这天，他欢欢喜喜地从种子商那里订购了这些豌豆种子，开启了他的“农忙”生活，这一忙就忙了8年。

听起来是不是有点儿奇怪？一位神父，干起了农活儿，而且只种各种各样的豌豆，这位神父很喜欢吃豌豆吗？难道他想看看哪种豌豆更好吃？一开始，他的确就是想种出更好的品种。不过，种着种着，他发现了一个了不得的秘密！将纯种的高茎豌豆和矮茎豌豆在一起杂交，得到的第一代豌豆植株都是高茎的！这一定有规律！而且之前从来没有人成功提出过这个规律！到底是什么呢？是什么让我们能“种瓜得瓜，种豆得豆”？又是什么让双眼皮父母生出了单眼皮小孩？神父疯狂了，看来种豆注定是一项漫长的事业啊！

## 渴望知识的穷孩子

孟德尔出生在一个贫寒的农民家庭，爸爸妈妈都从事园艺工作，在他们的熏陶下，孟德尔从小就很喜欢植物，对植物的生长和开花非常感兴趣。

孟德尔家里很穷，上中学时，他的爸爸在一次事故中受了伤，丧失了工作能力，这使原本就艰难的家庭雪上加霜。作为家里唯一的男孩，孟德尔毅然担起生活的重担，一边上学一边做家教。贫困、劳累使他的身体每况愈下，经常遭受疾病的侵袭，甚至被迫中断了学业。但他还是坚持了下来，克服了种种困难，并以优异的成绩从大学毕业。

沉重的生活压力影响了孟德尔对职业的选择，他选择进入布隆城奥古斯汀修道院，成为一名修道士。修道院不仅可以解决他的吃饭问题，还是他学习知识和进行研究的圣地。奥古斯汀修道院就以“学习中心”而闻名，许多修道士在自然哲学和农学领域都相当活跃。当时的院长是一位爱好植物学的学者，他专门在修道院里建立了植物园和植物标本室。空余时间里，孟德尔忙于逛图书馆、查阅资料、听园艺课程、请教知名学者，还跟着优秀的生物学家做遗传实验……这里满足了他对知识的渴求、对大自然的探索欲！只是，年轻的他，将一辈子在这里生活、劳动和学习，他不再拥有恋爱、结婚的自由，也不能拥有一个幸福美满的家庭，等待他的只有无尽的清苦的修行。

## 坚持8年的科学实验

没错，孟德尔不是在进行普通的“种地”活动，他是在做实验。孟德尔把买回来的豌豆种子分批种了下去，细心培植，耐心等待。他选出7对容易观察的性状（比如种子形状、花的颜色、茎的高度等），给每一对性状都安排了一个实验，每一个实验都用了10株或15株豌豆，做了几十次授粉。他细致地剥开一层层花瓣，杂交培育，让它们长出“下一代”，观察并比较这些“下一代”的性状，哪怕一点点变化他也能捕捉到并记录下来。然后，同样地，将这些“下一代”杂交培育，等它们长出“下下一代”……这样一直实验了五六代，光是人工授粉就做了17610次——这个数字是后来的研究者根据实验数据算出来的，实际上应该更多。孟德尔神父又用数学的方法分析这些植物性状，这也是一个新的尝试。

> 在生物学史上，孟德尔是第一个运用数学方法来研究生物学问题的人。

种子不是一夜之间就能长成豌豆的，实验也不是一次两次就能得出结论的，尤其是孟德尔的实验还涉及豌豆祖孙好几代，豌豆家族22个分支……直到1863年，豌豆实验才终于完成。关于生物遗传的秘密，孟德尔已经得到了答案。这个答案来自大量的实验，来自精心挑选了两年才确定的实验材料，来自数学与生物学的结合，来自严谨科学的实验过程。这个答案，将开创一个新的时代，并促成一门新的学科——“遗传学”的诞生。“人类从哪里来？”“怎样种出更多的粮食？”“怎样防治遗传病？”……

关于生命的一切问题，都从这里开始。

## 被忽视的伟大发现

然而，孟德尔神父的伟大发现在当时并没有掀起什么波澜。

1865年2月的一天，孟德尔完成修道院的工作后，拿上一本册子就出了修道院。他心里有点儿紧张，还有点儿兴奋，不自觉地就加快了步伐。他走进了一栋新建的楼房，在一个门口停了下来。房间里坐着40多个人，都是一些知名学者，其中有一些是生物学专家，他们见识广博、思想前卫。

孟德尔郑重地宣读了他的论文，汇报豌豆实验的过程和成果。他时不时地停下来，确认大家对自己汇报的数据是否有疑问。台下的人一开始还正襟危坐，听着听着已经有人在掩面打哈欠了。没有人提问，也没有人讨论。孟德尔手心开始出汗了，抬头看众人，大家都礼貌地微笑着，好像听懂了，又好像没完全明白。

总之，这不是一次激动人心的汇报，听起来只是做了一些普通的杂交实验，用了些不明所以的数字，得到了一个可有可无的结论。大家更愿意去讨论几

年前达尔文的生物“进化论”，没有人发现，孟德尔汇报的豌豆杂交发育规律正好解释和支持了达尔文的“进化论”。

第二年，孟德尔将豌豆实验整理成论文发表了出来，依旧没有激起半点儿水花。他没有气馁，将论文直接寄给了40位不同的科学家。只有一位瑞士当时著名的植物学家内格里回了信，然而他并不相信孟德尔的发现是一个普遍适用的“规律”。为了验证这个遗传规律不仅仅适用于豌豆，孟德尔又开始了漫长的实验：紫罗兰、玉米、紫茉莉……

最后孟德尔神父做不动实验了，他离开了人世，一场大火烧光了他遗留的实验资料。直到1900年，孟德尔去世16年后，“孟德尔遗传定律”才重新被世人看到。漫长的实验，漫长的等待，至此终于有了回应。孟德尔，现代遗传学之父，他的时代到来了。

WHEN?

1822 出生于奥地利帝国西里西亚（今属捷克）。

1856 开始豌豆实验。

1865 推导出了著名的遗传学定律。

# 孟德尔是个怎样的人？

## 学术上

- 用数学方法分析生物
- 从事过植物嫁接和养蜂研究
- “十年磨一剑”，执着又坚韧
- 长期进行气象观测
- 现代遗传学之父

## 生活中

- 家境贫寒，父母都是园艺师
- 把他种的豌豆看作他的儿女
- 成为修道院院长
- 被视为“怪人”
- 对宗教和神学并无兴趣

**1866** 发表豌豆实验的论文。

**1884** 1月6日，在布鲁恩逝世。

**1900** 孟德尔的研究被重新发现。这一年成为遗传学史乃至生物科学史上划时代的一年。

6000k
5000k
4000k
λ(μm)
1947

15

# 最帅物理全能王

## 普朗克

·1858 年—1947 年·

（德国）

马克斯·卡尔·恩斯特·路德维希·普朗克堪称“360 度无死角偶像”。他能演奏钢琴、管风琴和大提琴，曾在慕尼黑学生学者歌唱协会为多首歌曲和一部轻歌剧作曲，甚至还想过以音乐家的身份为生。不过，他最终还是选择了学习物理，并把这一决定解释为“生命中最崇高的科学研究”。看来，物理对他来说的确是“真爱”。他开创了量子力学，在黑体辐射研究中引入了能量量子，改变了物理学的发展方向。凭借量子理论的发现，1918 年他获得了诺贝尔物理学奖。

## 最帅物理全能王

在20世纪初，德国有这样一位物理学家：

小时候学习不拔尖，但年年都得“德行标兵”。

明明可以靠音乐才华出名，却偏偏用一个公式拿下了诺贝尔物理学奖。

多才多艺也就罢了，他还长得一表人才，可以称得上是“最帅物理学家”！

看起来本该是完美人生，晚年却过成了“悲惨世界”。

这个人就是与爱因斯坦并称为“20世纪最重要的物理学家”的普朗克。

> 探索世界的规律不妨碍他成为一位出色的钢琴家。

普朗克小时候在学校学得最好的科目是音乐，读大学前他正迷茫：有没有可能以后做音乐相关的工作呢？一位音乐家却泼了他冷水：别问！问就是学点儿别的吧！上大学后，他又问一位物理学教授，以后搞物理研究有前途吗？得到的答案是：物理学已经很完整了，研究物理没前途。

不过迷茫的普朗克最后还是选择了学物理，他要探索世界的规律，因为他觉得这是一项崇高的追求。

但探索世界的规律不妨碍他成为一位出色的钢琴弹奏者。他每天都要弹琴，手指在黑白键上跳跃使他感到快乐。时不时地，他还和音乐

家、同事一起办个什么音乐之夜，来一个三重奏、四重奏。像“现代物理学之父”爱因斯坦、“原子弹之母”迈特纳，都经常去他家，拉拉小提琴、弹弹钢琴。在他的组织下，德国物理学界的学者们都可以办个音乐会了。

## 世界是不连续的

音乐顶多算个业余爱好，普朗克的正经工作还是进行物理研究。1894年前后，普朗克开始研究黑体辐射问题。普通人看杯子还是杯子，看面包还是面包，但普朗克却“看”出了点儿不一样的东西。

早在普朗克之前，科学家们就发现任何物体都具有不断辐射、吸收、发射电磁波的本领。电磁波无处不在，比如我们看到的阳光就是太阳发出的电磁波，手机接收到的信号也是电磁波。辐射出去的电磁波与物体本身的特性和温度有关，所以由“热”引起的电磁波辐射又被称为“热辐射”。为了研究热辐射规律，物理学家假想了一种叫“黑体”的东西，可以把射向它的电磁波全部吸收，没有任何反射和

能量是不连续的

透射，神秘的“黑洞”说不定就是一种理想的“黑体”呢。

人们一直觉得电磁波像水一样，是连续不断的。但普朗克发现电磁波的发射和吸收不是连续的，而是一份一份进行的，他把这样一份能量叫作“能量子”。通过推算，普朗克得出每一份“能量子”等于$h\upsilon$，其中$\upsilon$是辐射频率，h是一个不变的数量，现在物理学中把它叫作“普朗克常数”——没错，就是以普朗克的名字命名的。“能量子”理论后来被称为“量子论”，它的成功使普朗克获得了1918年诺贝尔物理学奖，也让他成为“量子力学之父”。

## 谦和的大科学家

普朗克总是非常谦逊、和善。1918年4月，在德国物理学会庆贺他

> 普通人看杯子还是杯子，看面包还是面包，但**普朗克**却“看”出了点儿不一样的东西。

60岁寿诞的纪念会上，普朗克说：“试想有一位矿工，他竭尽全力地进行贵重矿石的勘探，有一次他找到了天然金矿脉，而且在进一步研究中发现它是无价之宝，比先前设想的还要贵重无数倍。假如不是他自己碰上这个宝藏，那么无疑地，他的同事也会很快地、幸运地碰上它的。”

获得诺贝尔奖后，普朗克三天两头去德国各地演讲，介绍他的“量子论”。他的司机跟着他听了一遍又一遍，演讲内容都会背了。一次，司机咧着嘴角问普朗克：“先生，‘量子论’的内容我早已烂熟于心，下次我假扮您，也上台讲讲，您看行吗？”普朗克看他这么自信，就一口答应了。这天，他们换了个城市，司机像模像样地走上讲台，普朗克从容谦和的气质被他拿捏得恰到好处，演讲内容也头头是道、有条不紊，正如普朗克平时讲的一般，台下掌声连连。但到了问答环节，第一个问题就把台上的“普朗克”难倒了：这我没听说过呀！台下的普朗克正兴致勃勃地等待着回答，只听台上的人说：“没想到在慕尼黑这样发达的地方，居然也有人问这么初级的物理问题。太简单了，就让我的司机来回答吧。”

是不是没想到普朗克这么大牌的科学家，居然这么平易近人？其实这是个编造的故事，“股神”巴菲特的最佳搭档查理·芒格在一次演讲中讲述了这个故事，来显示普朗克难以复制的学识。不过，学识是真的，谦和也是真的，说不定谦和的普朗克真有可能让这事儿发生呢！

凭借**量子理论**的发现，1918 年普朗克获得了诺贝尔物理学奖。

## 坚韧前行的巨人

别看普朗克又是得奖又是参加集会的，其实那几年他的经历足够写一部《悲惨世界》了。

1909年他的第一任妻子因病去世，1916年大儿子在第一次世界大战中战死，1917年、1919年双胞胎女儿先后死于难产。

接着，纳粹势力统治了德国，到处实行种族灭绝政策，闹得人心惶惶。他顶着压力和危险留在德国，尽力保护着各国的科学家。在第二次世界大战中，他家的房子在一次空袭中被炸弹完全摧毁，手稿、书籍、日记统统没了，他的二儿子因为涉嫌谋杀纳粹首领希特勒，也被处决。

普朗克心灰意冷，生活对于他已经没有了任何指望。战争结束时他已是87岁高龄了，死亡对他来说也许

是一种解脱。但他强忍着伤痛，继续担负起德国科学建设的责任。

1947年10月，89岁的普朗克逝世，他的墓碑非常简单，上面只刻着他的名字，连生卒年都没有。而他的墓志铭只有一行字：$h=6.62607015\times10^{-34}$ J · s，昭示着他的伟大贡献——你还记得h是什么吗?

## WHEN?

1858 出生于德国荷尔施泰因。

1879 在德国柏林大学获得博士学位。

1894 被选为普鲁士科学院院士。

1900 第一次提出了黑体辐射公式。

# 普朗克是个怎样的人？

## 学术上

- 喜欢探究普适性的规律
- 敢于质疑和验证
- 极其严谨，不喜欢科学冒险
- 一生著述甚多
- 量子力学之父

## 生活中

- 会演奏钢琴、大提琴、管风琴，唱歌剧，作曲
- 喜欢组织物理学家们玩音乐
- 年轻时帅气逼人
- 有严格的作息时间表
- 登山爱好者

| 1918 | 1929 | 1938 | 1947 |
| --- | --- | --- | --- |
| 获得诺贝尔物理学奖。 | 德国物理学会创设马克斯·普朗克奖章，普朗克获奖。 | 第1069号小行星以普朗克的名字命名。 | 10月4日，在德国哥廷根逝世。 |

Ra
Po

16

# 巾帼科学英雄

## 居里夫人

·1867 年—1934 年·

**（法国）**

玛丽·居里应该是所有女性心中的“女神”。她是放射性研究的先驱，是首位获得诺贝尔奖的女性，而且还是两次获得诺贝尔奖的第一人和唯一女性。玛丽·居里开创了放射性理论，和丈夫一起发现两种新元素——钋和镭。在她的指导下，人们第一次将放射性同位素用于治疗肿瘤。

提到工作中的科学家，你会想到什么场景？是坐在实验室里优雅地观察试管，还是坐在办公桌前认真地计算？

可是有位科学家的工作环境，和夏日里修房顶的工地差不多。

## 志同道合的夫妻

她就是居里夫人，名字叫玛丽·居里，是一位波兰人。她在法国留学读书时，认识了自己的丈夫——物理学家皮埃尔·居里。他们志同道合，经常一起做科学研究。后来夫妻俩一起发现了两种放射性元素：钋（pō）和镭。

放射性元素就像一个脾气暴躁、情绪不稳定的人，没事就会“发火”。它发火不是靠吼，如果发的火太大、太急的话，在它旁边的人就会受到伤害。等它发泄够了，火就灭了。当然，放射性元素发起火来，可比人发火的威力大多啦，它会放射出你看不到的“飞刀”，从而伤害周围的人。

在实验中，居里夫人发现一种矿石的放射性强度比预计的强度大得多。难道这种矿物中含有一种人们未知的新放射性元素吗？居里夫人把自己的重大发现告诉了居里先生，居里先生很支持她，夫妻俩经过一番实验，发表文章称发现了两种新元素——钋和镭，这两种元素的放射性比当时人们已经知道的铀和钍威力更大。

不过，对于发现新元素这种事情，化学家向来是十分谨慎的。由于没有钋和镭的样品，当时的科学界几乎没有人相信他们这个惊世骇俗的新发现。

## 糟糕而艰苦的工作环境

这对倔强的科学夫妇决定做实验，提取出足够量的钋和镭拿给大家看。他们完成这项工作的过程可辛苦了。居里先生在巴黎大学是一位知名的物理学家，校长给他们提供了一间简陋的实验室做研究，夏天闷热潮湿，冬天阴冷难耐，一下雨顶棚就漏水。在奥地利政府的帮助下，居里夫妇从一家工厂获得了几吨沥青铀矿矿渣，用来提炼镭元素。

夏天很热的时候，你有没有闻到过马路有一种刺鼻的味道？居里夫人做化学实验时，经常会产生带有这种强烈味道的有毒气体，刺鼻呛人，居里夫妇只好把实验移到院子里做。

居里夫人把两袋大米一样重的矿渣放进一个大锅里，加热到沸腾，然后把这些沸腾的溶液从一个罐子倒进另一个罐子。因为丈夫要在大学教书，居里夫人承担了大部分的体力活儿。她既是学者、专业工人、技

师，也是苦力，穿着一身又脏又旧的工作服，头发也乱蓬蓬的。提炼中需要使用对人体有极大毒害作用的硫化氢，灼热、刺鼻的蒸气呛得她一直咳嗽，眼泪也不停地流，她甚至没有时间去擦眼泪，因为双手还在不停地把着一根很沉的铁棒搅拌这些沸腾的材料。

整个过程就是点火、熔化、过滤、沉淀、倒出、再熔化……这样的工作，她坚持了4年多，基本上整天“宅”在实验室里做实验，很少社交，就算偶尔有科学家来访，居里夫人也还要一边为女儿缝补衣服，一边谈工作。

## “宅”出来的大成就

她真是累极了。对于当时的情况，在她小女儿写的《居里夫人传》中曾这样描述：“有的时候，我得用一根与我体重不相上下的大铁棒去搅动沸腾着的沥青铀矿。傍晚时分，工作结束时，我已像是散了架似的，连话都懒得说了……我们没有钱，没有实验室，而且几乎没有人帮助我们把这件既重要而又困难的工作做好。这像是要由无中创出有来。”

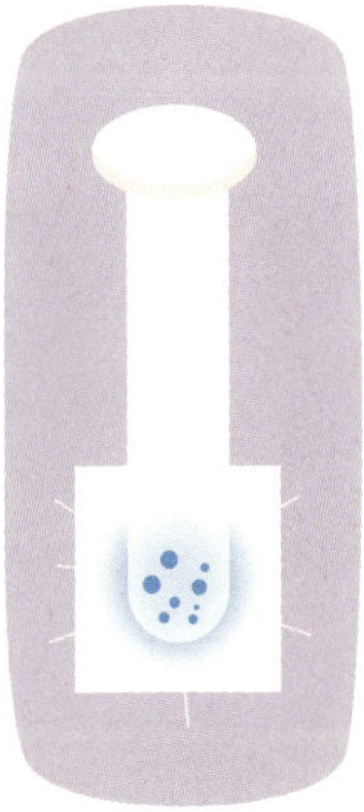

镭

我要把我的人生变成科学的梦，然后再把梦变成现实。

就这样，居里夫人“宅”出了很大的成就，当她处理完一吨铀沥青矿渣之后，得出了一个确定的结论：差不多

## 小知识 笔记仍具放射性

由于长期接触放射性物质，居里夫人于1934年7月4日因再生障碍性恶性贫血逝世。她的主治医生写下了这样的报告：“她所得的疾病是一种发展迅速、伴有发烧的继发性贫血。骨髓没有造血反应，可能是因为长期积累的辐射量造成的伤害。”

诺贝尔奖官方推特发布了一条科普公告，称居里夫人1899—1902年在实验室中使用的笔记本仍具放射性，并将持续1500年。由于她的一些书籍和论文仍具有强烈放射性，必须放在铅盒中保存，“这也说明，居里夫人留下的科学遗产实际上是无法触及的”。诺贝尔奖官网称她为“现代科学界的偶像”。

一辆小轿车重的原矿中，最多能提炼出一个鸽子蛋那么重的镭。

因为出生在波兰，居里夫人和居里先生发现“钋”的时候，她建议丈夫拿波兰来命名这个新元素，因为波兰的英文就是Poland，于是他们夫妻一起命名了“钋（Polonium）”。

凭借他们在放射性物质上的发现和研究，居里夫妇获得了诺贝尔物理学奖；1911年，因为发现钋和镭，居里夫人又获得了诺贝尔化学奖，她是世界上第一个两次获得诺贝尔奖的科学家。

## 放射性元素的大用处

那么，镭和钋的发现，有什么用处吗？放射性元素最早应用在医学和钟表制造上，也是核武器的重要材料。镭的辐射具有强大的贯穿本领，发现不久便成为当时治疗恶性肿瘤的重要工具；镭盐在暗处发光，用于涂制夜光表盘。

1914年，第一次世界大战开始。德国入侵法国，居里夫人关闭了实验室，她利用自己的科学知识，设计了一辆流动的X射线透视车，可以在战争期间随时去往第一线。X射线是一种可以照穿身体并晒伤细胞的光，能很清楚地显示出伤员受伤的身体部位。居里夫人为军队医院组建了医疗队并组织X射线检查，挽救了无数伤员的性命。据统计，共有20多辆透视车在战场上日夜奔驰，抢救的伤员超过100万人。

1934年，67岁的居里夫人去世了，死于恶性白血病，这跟她做的大量放射性实验有很大关系。现在，居里夫人的手稿珍藏在法国国立图书馆。从她的手稿，到各种研究文件、衣服、家具，甚至菜谱，一切物品都带有放射性物质。这些物品都要一直保存在铅箱里。法国国立图书馆规定，人们可以翻阅居里夫人的手稿，但必须穿上防护服，小心谨慎地翻阅。

## WHEN?

- **1867** 出生于俄罗斯波兰领地华沙。
- **1898** 玛丽和丈夫发表一篇联合署名论文，宣布以“钋”命名所发现的元素，以纪念她被瓜分的祖国波兰。同年，居里夫妇将他们发现的第二个元素命名为“镭”，拉丁文意为“射线”。
- **1903** 居里夫妇同获诺贝尔物理学奖。玛丽·居里是第一个获得诺贝尔奖的女科学家。
- **1911** 瑞典皇家科学院第二次授予她诺贝尔奖，这次获得的是诺贝尔化学奖。
- **1934** 由于长期接触放射性物质，因再生障碍性恶性贫血逝世。

17

# 了不起的失败

## 沙克尔顿

·1874 年—1922 年·

（英国）

作为世界第五大洲，南极洲没有发现任何古人类活动的痕迹，它的神秘吸引着世界各地的探险者。1773 年，英国探险家库克船长第一次穿越南极圈，但尚未发现南极大陆。1820 年，有 3 个分别来自沙皇俄国、英国和美国的探险者，可能是世界上最早看到南极大陆或是其冰架的人。

20 世纪初，英国、日本、挪威、法国、德国、比利时等国都曾为探索南极洲展开了激烈的竞争。在英国，有一位叫沙克尔顿的探险家非常有名，他的故事被写成书、翻拍成电影，广泛传颂。不过，他一生 4 次踏上南极大陆，却没有一次实现他想要达到的目标。人们记得他，大概是因为他在探险过程中展现出了超人的勇气和智慧。

## “我能做得更好”

沙克尔顿，出生于爱尔兰。他父母一共有10个孩子，他排行老二。小沙克尔顿天生就是个大哥哥，喜欢打抱不平，为弱小的孩子伸张正义。在家人和朋友眼里，他是个幽默、富于想象力又淘气的孩子。他还特别喜欢探险，在16岁那年成了一名海员。他总是对朋友们说：“我能做得更好，我要名扬世界。”

沙克尔顿想去探险的地方，就是南极。去南极虽说没有危险的野兽和土著的阻挡，但是，那里的气温低至-60℃，比你家冰箱的冷冻层还要冷几倍，还常年刮着大风。而且，在100多年前，科学技术比现在落后太多了，没有卫星导航，船还是木头做的，强度也不够，补给跟不上，保暖的设备也没有现在这么好。所以，去南极探险本身就很了不起了。

## 去南极探险

沙克尔顿的第一次南极探险，是在船上协助科学家进行科学实验，不过半路上，有人得了坏血症，有人得了雪盲症（雪地反射的紫外线对眼角膜和结膜上皮造成损害引起的炎症），船队只好在距离南极还有850多千米的时候放弃探险。沙克尔顿感到非常遗憾。

> 到达终点对我们来说，确实很重要。但是对我来说，最重要的，是把你们安全地带回去。

4年后，沙克尔顿

自己组织了一支英国南极探险队，又出发了。探险船顺利到达南极海岸，建起了营地，沙克尔顿把营地变成了一个温暖的家。他和他的3个伙伴继续向南极挺进，很快打破了上次探险的纪录。

这次探险，沙克尔顿给自己立的目标是要到达极点。他们艰难地继续前进，走到距离南极极点大约180千米时，大家已经精疲力竭。沙克尔顿决定放弃，“到达终点对我们来说，确实很重要。但是对我来说，最重要的，是把你们安全地带回去”。

最终，沙克尔顿4人不得不日夜兼程往回赶，以便在饿死前赶回船上。4个人都染上了严重的痢疾。为防止船等不到他们而开走，沙克尔顿和一个身体比较强壮的伙伴先出发，把另外两个人留在一个储备丰富的补给站。沙克尔顿赶回船上后，坚持亲自带队去把两个掉队的队员接回来。

沙克尔顿没有因为想达到目标而不顾队员的死活。他的第二次探险，距离南极极点不足180千

对于没有到达极点这件事，他自己评论说“活着的驴要好于死去的狮子”。

米，在当时是人类抵达的地球最南端，而且他们第一次到达罗斯冰架、第一次横越南极山脉、第一次踏上南极高原。虽然没有到达终点，但是他却带着全体队员安全返航了。

沙克尔顿作为一个英雄返回英国，立刻被授予爵士称号。对于没有到达极点这件事，他自己评论说“活着的驴要好于死去的狮子”。

## 一个新目标

在沙克尔顿准备第三次探险的时候，挪威的探险家阿蒙森已经征服了南极极点。于是，沙克尔顿制定了一个更伟大的目标——从威德尔海穿越南极大陆到达罗斯海。正是这次探险，让沙克尔顿成了大家的偶像。

他先是在英国招聘人手参与极度危险的旅程，赴南极探险。招聘启事里写着“赴南极探险，薪酬微薄，不见天日……不保证安全返航，如若成功，唯一可获得的仅有荣誉”。短短几天内，受招聘启事吸引的报名者竟多达5000人。最后他从中选出了27名船员。

在第三次探险起航之前，沙克尔顿购买了一艘极地考察船，取名为“坚忍”号。“坚忍”号从捕鲸站启程前往南极大陆，因为遇到的浮冰太多，船行进得很慢，在距离登陆点只有一天航程的时候，“坚忍”号竟然被困在浮冰中动不了了。

更可怕的是，南极短暂的夏天也结束了，也许只有等到春天，他们才有机会从冰川的围困中逃出来。结果更严重的事情发生了，接下来的几个月，浮冰越积越多，“坚忍”号竟然被挤碎了！

## 艰难求生

沙克尔顿命令所有人下船，他们在浮冰上安营扎寨，借助洋流的力量继续向北漂移。食物慢慢只剩下海豹、企鹅肉，雪橇犬也陆续被杀死，它们已经没什么用了。

他们在冰天雪地里整整露营了5个月。为了鼓励船员们的斗志，沙克尔顿一直谈笑风生，不时地在冰上跳舞唱歌，组织大家活动。但是时间久了，很多人开始绝望起来。

有人抱怨沙克尔顿指挥错误，有人哭着喊着要离开这个鬼地方。沙克尔顿发挥他强大的说服力和凝聚力告诉大家：“我们现在只有团结在一起，才有可能离开这里，你们相信我，我把你们带到了这里，一定也会把你们安全地带回去。”

在大家心情逐渐平静下来时，危险又发生了，他们扎营的浮冰裂开，再也没办法待了，大家只好驾驶着3艘小救生艇在海上航行。凭着对洋流和航海技术的熟悉，7天后他们终于到达了一块荒无人烟的陆地——大象岛。

## 了不起的营救

荒岛无法生存，这里根本不可能有船经过，船员们刚觉得有点儿希望，马上又陷入巨大的绝望中。有的船员精神快崩溃了，挥起手中的武器狂乱地砍着岛上的海豹、企鹅。沙克尔顿知道不能再等了，他决定开始一项几乎不可能的自救行动。他挑选了5名强壮的船员，准备乘救生艇去1300千米以外的南乔治亚岛寻求救援。这么远的路，就算在陆地上开车，也要没日没夜地开18小时呢！

沙克尔顿知道拼一下还有希望，否则大家都得葬身在大象岛。他们在气候极端恶劣的大海上艰难地航行了16天，竟然真的到达了南乔治亚岛。虽然已经筋疲力尽，但他们1分钟也不敢停，留下3名无法行动的人员，沙克尔顿3人又在岛上连续走了36小时之后，终于找到了捕鲸站。刚到捕鲸站，就有人去接应另外3名船员。还没等身体完全恢复过来，沙克尔顿就着急地借船开往大象岛，营救他留在那里的22名船员。

所有人都劝他留在捕鲸站休息，由别人前往营救，但沙克尔顿坚决不同意。因风浪过大，前3次营救均告失败。当第四次出发的营救船终于靠近大象岛时，心情激动的沙克尔顿两眼直盯着前方，刚隐约看得见人影，沙克尔顿便急着清点人数：“1、2、3、4……22，他们全都在，全都在那里！”

沙克尔顿因狂喜而泣，回头向营救船上的人反复喊：“他们全都在！”“他们全都在！”“他们全都在！” 沙克尔顿终于如约接回了留在大象岛上的22名船员。

所有人都安全脱险了，这不失为一种伟大的成功。

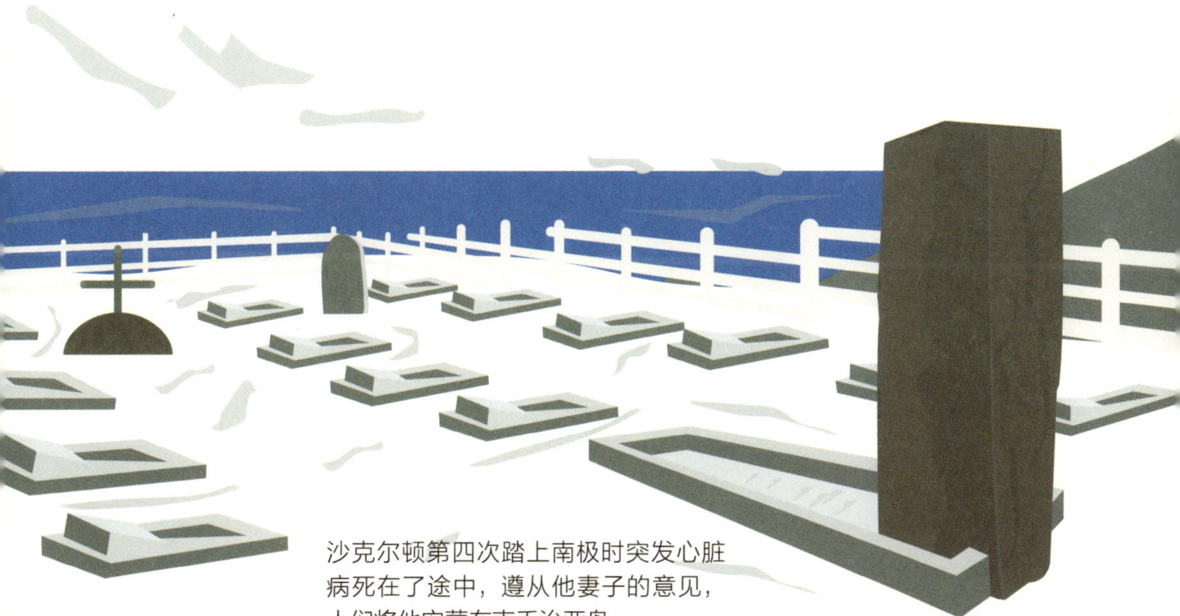

沙克尔顿第四次踏上南极时突发心脏病死在了途中，遵从他妻子的意见，人们将他安葬在南乔治亚岛

## 南极探险之路

现在，南极探险的英雄冒险时代已经远去。

这片不属于任何一个国家主权范围的土地，每年都会迎来几十个国家的数千名科研人员开展科学实验。我国从1984年开始南极考察，至今已在南极建立了4个科学考察站：长城站、中山站、昆仑站和泰山站。第五个在建的罗斯海新站也将于2022年底完工。

**WHEN?**

1874 出生于爱尔兰。

1901 跟随“发现”号开始了第一次南极探险。

1907—1909 组织并领导了英国南极探险队。

# 沙克尔顿是个怎样的人？

## 学术上

发明各种新东西供大家消遣

很会鼓舞士气

出色的领导才能

对探险队员充满尊重、信任和关爱

## 生活中

幽默、乐观、智慧

勇敢而理智

坚持梦想

做事非常缜密、有计划

**1912**：泰坦尼克号客轮沉没，沙克尔顿作为冰海上的航海专家，应邀为官方调查提供专业意见。

**1914—1916**：带领“坚忍”号进行第三次南极探险。

**1921**：带领“探索”号进行第四次南极探险。

**1922**：在南乔治亚岛因心脏病发作去世。

E=mc²
E=mc²

18

# 20 世纪最聪明的人

## 爱因斯坦

·1879 年—1955 年·

（美国、瑞士）

阿尔伯特 · 爱因斯坦是 20 世纪最重要的科学家之一，被誉为“现代物理学之父”。他是现代物理学两大支柱之一的相对论的创立者，也是质能转换公式（$E=mc^2$）的发现者。生活中的他与人们想象中的大科学家截然相反，他幽默、爱开玩笑，是一个不太把自己当回事的人。他曾经说过：“坐在一个秀美的姑娘身边，两小时就如同 1 分钟，但是如果坐在一个炙热的火炉边，那么 1 分钟便如同两小时一般，这就是相对论。”如今，“爱因斯坦”一词在人们心中等同于“天才”。

爱因斯坦被称为“现代物理学之父”，也被称为“20世纪最聪明的人”。你好奇他为什么这么聪明吗？很多人都很好奇。所以，爱因斯坦去世后，有人把他的大脑取了出来。

那是1955年，76岁的爱因斯坦在美国普林斯顿大学医学院去世，随即就要被火化。当时负责为他的遗体进行尸检工作的哈维医生觉得，天才的大脑要是被火化了，实在是人类的遗憾，于是就把爱因斯坦的大脑偷出来做研究。爱因斯坦的家人知道后气坏了，不过，最后还是被哈维医生以科学的名义给勉强说服了。经研究发现，爱因斯坦的大脑的确有一些不寻常。他的脑部结构中，负责记忆力和逻辑思维的部分要比别人的功能更强大一些。可在爱因斯坦小时候，他身上却没有一点儿“神童”的影子。他是个典型的迟语症患者，说话特别晚，到了2岁多才开口。他整天窝在家里的沙发上看书，也不爱出去玩儿。他的爸爸妈妈很怕他有问题，还曾带他去看医生。

## 异于常人的好奇心

不过，爱因斯坦有着异于常人的强烈好奇心，这倒是在他很小的时候就显现出来了。

5岁那年，爱因斯坦生病在家，爸爸送给他一个罗盘。当爱因斯坦发现指南针不断地指着固定的方向时，他感到非常惊奇。他后来曾回忆自己把指南针拿在手上的感觉：“磁针受到了某种隐秘力场的吸引，而不是受到我们肉眼可见的那种机械动力的驱使。”他说自己当时激动得直发抖。一连几天，爱因斯坦都在玩罗盘，缠着爸爸问各种问题。尽管连“磁”这个字都说不好，他还是很好奇指南针为什么能指示方向。

我们思想的发展在某种意义上常常源于**好奇心**。

就是这样，爱因斯坦的一生都被科学、生命和宇宙中的巨大奥秘所吸引。他常常思考别人忽略的问题，通过深入的思考来解开这些谜团。

## 在大脑中做“思想实验”

大多数从事理论研究的物理学家和数学家工作时，常常会写下很多方程式，而爱因斯坦大多数时候只是坐在椅子上，在大脑中做“思想实验”。比如，他会想象在一束光线旁边赛跑的感觉，一个人从屋顶上掉下来的感觉，加速下落的电梯和甲虫在曲面上爬行的样子，等等。

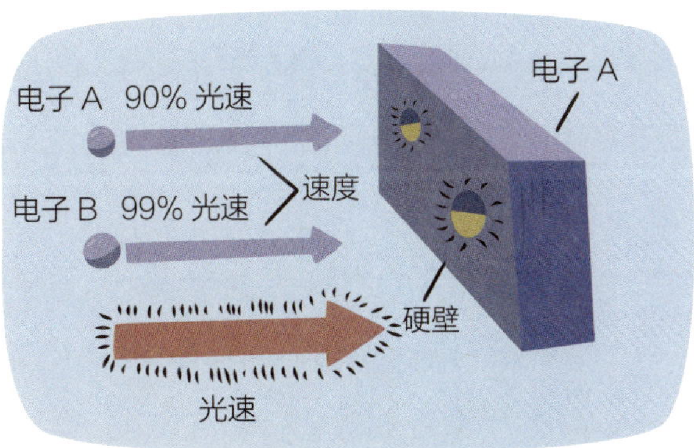

相同的两个电子，以不同速度撞击硬壁，快的那个破坏力更强，说明能量可以转化为质量

爱因斯坦提出狭义相对论时才26岁，提出广义

相对论时才36岁。他常说："想象力比知识更重要。因为知识是有限的，而想象力是无限的。"

在爱因斯坦生活的年代，人们已经知道，光是一种波，就像水波一样。它跑得非常快，每秒能跑30万千米，相当于1秒钟绕地球赤道跑7圈。根据爱因斯坦的理论，飞船在跑得接近光速的时候，会变得特别特别重，因为能量转化为了质量。那反过来说，质量也能转化为能量喽。

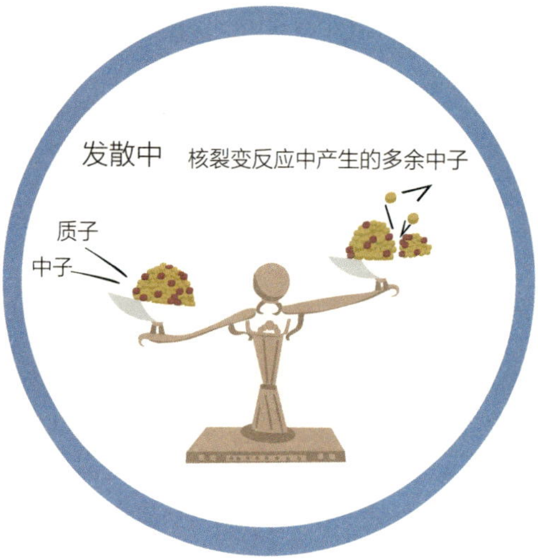


于是，他提出了那个著名的公式$E=mc^2$（这里的$c$表示光速，$E$表示能量，$m$表示质量）。根据这个公式，铀原子核裂变之后，变轻的质量转化为能量（热能），发电站用这种热能产生水蒸气，推动汽轮机产生电能，原子核发电站就是这样工作的——我国广东的大亚湾核电站，利用核能发电为广东和香港提供清洁的电能，就是依据爱因斯坦的这个理论。

> 对一个人来说，所期望的不是别的，而仅仅是他能全力以赴和献身于一种美好事业。

提出狭义相对论之后，爱因斯坦并不满足，他曾在日本京都大学的演说中提到过最早对广义相对论的一些设想。彼时，他正坐在伯尔尼专利局的一张椅子上，忽然有了一个想法：“假如一个人自由下落，他不会感觉到自己的重量。”这个想法把他引向了引力研究。他认为，“惯性力与引力属于同一种力”便是“等效原理”，这是广义相对论的基础。基于此，爱因斯坦又提出，引力会让光线弯曲、使空间弯曲，以及使时间流动变慢。

## 不迷信经典的爱因斯坦

如果你喜欢动画片，那可能会看过《哆啦A梦》。有一次，大雄的妈妈收拾仓库，找到了一个打满补丁的毛绒小熊，一下子勾起了大雄对去世的奶奶的想念。于是，哆啦A梦就用时光机带上大雄，穿越回大雄3岁的时候去看奶奶。回到过去的大雄，看到了年轻的妈妈，还看到了3岁的胖虎和小夫正在抢大雄手里的棒棒糖，生气的大雄教训了他们两个……我们究竟能不能回到过去，或者去到未来呢？

根据爱因斯坦的相对论，时空穿越是可能的。

爱因斯坦认为，在引力的作用下，时间的流动会变慢。引力越大，时间就越慢。那样的话，在引力最大的黑洞附近，时间会停止，如果一艘宇宙飞船能飞到黑洞附近，在那儿停一会儿再回到地球，地球可能已经过了好几百年了。

除了探索宇宙如何运转的终极秘密，广义相对论在生活中也是有应用的。一个典型的例子是能够确定汽车开到哪儿的卫星导航系统，例如我国的北斗卫星导航系统。卫星在天上飞，受到的地球引力稍微小一点儿，所以时间流动快，必须把这个情况考虑到，卫星的定位才准。

读到这儿你可能会好奇，为什么是爱因斯坦提出了开创性的新理论，而同时代的其他人却没有呢？

其实，在爱因斯坦生活的年代，也有两位科学家已经提出了爱因斯坦理论中的一些组成部分，但他们都没有做到完全的飞跃。与爱因斯坦不一样的是，他们是在“牛顿物理学”的迷雾中摸索。相比之下，爱因斯坦摆脱了牛顿的理论，对空间和时间进行了新的描述。2016年，科学家直接观测到了引力波，广义相对论的正确性得到了验证。

真的存在虫洞吗?

## 爱开玩笑的大科学家

生活中的爱因斯坦，与人们想象的大科学家的一本正经截然相反。

他很幽默，爱开玩笑，是一个完全没有“架子”的人。有一次，一群青年学生包围了爱因斯坦的住宅，让他用“最简单的话”解释清楚他的“相对论”。当时，据说全世界只有几个高明的科学家看得懂他关于“相对论”的著作。爱因斯坦让他的秘书向提问者转达这样一句话：“坐在一个秀美的姑娘身边，两小时就如同1分钟，但是如果坐在一个炙热的火炉边，那么1分钟便如同两小时一般，这就是相对论。”

爱因斯坦还有个著名的癖好是不穿袜子，他年轻时发现自己的大脚趾头经常把袜子顶出洞，于是就再也不爱穿袜子了。在他的一张海滩照片中，他穿着一双女士凉鞋，那是他找不到自己的凉鞋时，穿上了

> 一个人的**价值**，应当看到他贡献什么，而不应当看他取得什么。

第二任妻子Elsa的凉鞋。

爱因斯坦晚年的时候，曾经写信给自己的朋友说："像你我这样的人是永远不会变老的。在我们出生的神秘世界面前，我们永远表现得像充满好奇心的孩子。"

凭借科学成就，爱因斯坦获得了全世界的尊重。在1952年，他甚至还收到过以色列（世界上唯一一个以犹太人为主体的国家，于1948年建立）总理的邀请信，希望他去担任这个国家的总统。虽然爱因斯坦是犹太复国运动的杰出人物，但已73岁高龄的他恭敬地拒绝了。他表示自己虽然很感动，但显然自己更适合做一个科学家。

**WHEN?**

1879 出生于德国乌尔姆市的一个犹太人家庭。

1905 发表狭义相对论等5篇论文，这一年因此被称为"爱因斯坦奇迹年"。

1915 提出广义相对论。

# 爱因斯坦是个怎样的人？

## 学术上

有强烈的好奇心和探究欲望

在大脑中做“思想实验”

不迷信经典理论

20世纪最伟大的科学家

## 生活中

一天的睡眠在 10 小时以上

每天都要散步

非常幽默

不喜欢穿袜子

1916 发表论文《关于辐射的量子理论》。

1923 被授予 1921 年度的诺贝尔物理学奖，于 1923 年正式颁发。

1955 在睡梦中因脑溢血逝于普林斯顿。

B
C
D
400
200

19

# 大陆漂移学说之父

## 魏格纳

·1880 年—1930 年·

（德国）

玩拼图，竟然能玩出个重大科学发现？这个人便是阿尔弗雷德 · 魏格纳。他是德国地质学家、气象学家和地球物理学家，还是“大陆漂移说”的创立者。他认为远古时代的地球只有一块庞大的陆地，大陆后来逐渐破裂、漂移，形成现在七大洲和五大洋的基本地貌。魏格纳一生热爱探险，最后在探险途中不幸遇难，长眠于格陵兰岛的冰天雪地中。

你喜欢玩拼图吗？你知道吗，有一位科学家就是靠着在大脑里“拼拼图”发现了地球的秘密。

他就是德国地球物理学家魏格纳。

## 为了冒险锻炼身体

魏格纳从小就喜欢幻想和冒险，喜欢读探险家的故事，英国著名的北极探险家约翰·富兰克林是他最崇拜的偶像。但小时候的魏格纳身体并不健壮，要做探险家，可是需要有一个好身体呢。为了锻炼身体，在严寒的冬季里，他坚持每天外出滑雪。他先后在柏林和海德堡的大学学习了数学和天文学。为了给将来探险做准备，他又攻读了气象学，25岁时获得了气象学博士学位。

魏格纳是一个特别喜欢冒险的人，对新奇的东西比较感兴趣。为了研究气象，他和哥哥一起参加了热气球飞行比赛，在空中持续飞行52小时，创造了当时载人热气球在空中停留时间最长的世界纪录。你一定会感到奇怪，为什么学习数学和天文学要研究气象？这是因为，学习天文会跟很多气象知识打交道，比如，阴天的时候，星星被挡住了，如果懂得气象知识，就会知道躲在云层后边的星星什么时候才能出来。

舌羊齿属植物

另外，魏格纳生活的时代，世界上刚刚出现电力和汽车，爱因斯坦正在让物理学发生翻天覆地的变化，地质学、气象学也都在变革。

26岁那年，魏格纳终于实现了小时候的梦想——去格陵兰岛探险，进行气象和冰川调查研究。格陵兰岛离北极很近，是个很冷的地方，最冷的时候有-70℃，要知道，你家冰箱的冷冻室才-18℃。而且，在格陵兰岛探险，他必须要像当地人一样，学会驾驶狗拉雪橇、猎杀海豹，以及保护雪橇犬不被北极熊伤害。

在格陵兰岛，魏格纳研究冰川裂缝两边的状况，以及冰盖（又称大陆冰川，指覆盖着广大地区的极厚的冰层的陆地面积）分裂的形状，这些都一直印在他的脑海里。

1910年，魏格纳因生病住院，在观察墙上的一幅世界地图时，他意外地发现：大西洋两岸的大陆轮廓形状是相对应的，巴西东端的直角突

出部分，与非洲西岸凹入大陆的几内亚湾非常吻合。就好像南美洲与非洲原本是相互接合的整体，后来被撕开成为两块大陆一样。

魏格纳结合他的考察经历，认为这绝不是偶然的巧合，于是他提出了一个大胆的猜想：在大西洋产生之前，两个大陆原本是一块完整的陆地，之后才破裂移动，逐渐成了现在的样子。这简直跟我们玩的拼图差不多。

为了给自己的猜想寻找证据，魏格纳搜集了多方面的资料，进行分析研究。魏格纳的证据当然不是拼图这么简单，他将各种各样的证据汇集在一起。比如，有一种生活在欧洲的园庭蜗牛，大西洋对岸的北美洲也有，园庭蜗牛又不会游泳，那它们是怎么跨越那么宽的海洋的呢？再比如，有一种叫作舌羊齿的植物，主要生长在寒冷的气候条件下，可在非洲、南美洲、印度、澳大利亚、南极洲都发现了这种植物化石，这就更不可思议了！魏格纳的想法是，如果大陆移动了，那这所有的一切就可以解释得通了。于是，他提出了“大陆漂移假说”，认为：地球上所有的大陆曾经是一块

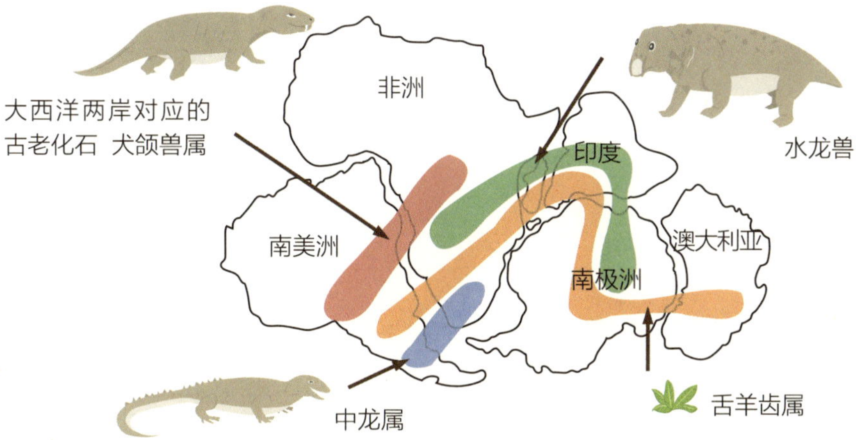


完整的大陆块，后来开始分裂并漂移，才逐渐到达现在的位置。

不过，当他把自己的观点公布出来时，地质学家们都不相信他，觉得他这个门外汉简直就是异想天开。

当然也不能怪当时的地质学家们不接受这个新说法，因为魏格纳解释不清楚为什么大陆会移动，总得有个什么力量“推”大陆它才能动啊！

就让他长眠在自己向往的地方吧。

魏格纳一直在通过探险寻找证据，为此他又去了两次格陵兰岛进行考察。不幸的是，他第四次去格陵兰岛探险的时候，在给队友们运送补给的途中遭遇暴风雪的袭击，消失在了冰天雪地中。队友们几次搜救仍然没有找到他，恶劣的气候不得不使人们放弃。直到第二年的4月再次进行搜救时，人们在一片白茫茫的雪原上发现了魏格纳的滑雪板，挖开滑雪板之下的积雪，才找到了他的遗体。

> 根据魏格纳的**猜想**，这些大陆原来是连在一起的！

人们埋葬了魏格纳。消息传回德国，政府要将他的遗体运回德国举行隆重的葬礼，可是魏格纳的妻子拒绝了，她说："就让他长眠在自己向往的地方吧。"

后来，魏格纳的想法终于被证明。

大陆就是移动的！比如，据《纽约时报》2016年的报道，从1994年到2016年的22年间，澳大利亚所在的大陆已经漂移了1.5米，这可是通过GPS定位发现的。

对于我们生活的地球大陆，我们了解得还很少，人类对地下的勘探仅有10千米深，而且只是机器下去，人都还没有下去过。相信在未来，一定有更厉害的科学家和科学技术，可以把人类送到更深的地下，到时候，我们就能发现更多关于地球的秘密啦。

现在，让我们一起动手试一试，把世界地图上的南美洲和非洲描出来，再沿边剪下来，看这两块陆地是不是能够拼在一起。

**WHEN?**

| 1880 | 1905 | 1906 |
|---|---|---|
| 出生于德国柏林。 | 成为林登堡航空气象台助理。 | 4月5日至7日，创下热气球连续飞行的新纪录，在空中停留长达52小时。 |

# 魏格纳是个怎样的人？

## 学术上

细致观察、大胆想象

一名对气象学和极地研究感兴趣的天文学博士

在格陵兰岛3000米的高地建科学考察站

创热气球连续飞行的新纪录

## 生活中

学霸，以全班最好的成绩毕业

曾参加过第一次世界大战

生前承受着各种学术批评

喜欢抽烟斗

1906 首次参加格陵兰岛探险。

1912 在法兰克福地质学会上做了《大陆与海洋的起源》的演讲，正式提出大陆漂移假说。

1915 出版《海陆的起源》一书。

1930 11月，在第四次前往格陵兰岛的探险中遇难，年仅50岁。

Sin
f(x)

20

# 初中生变身大教授

## 华罗庚

·1910 年—1985 年·

（中国）

华罗庚，我国著名的数学家。19 岁那年，他感染了伤寒，从此因病左腿残疾，走路要左腿先画个圈，右腿再跟上。可他并不为此消沉，戏称自己这是“圆与切线的运动”。他开创了中国数学学派，也是我国在世界上最有影响力的数学家之一，国际上“华氏定理”“华氏不等式”等数学科研成果都是以他命名的。为了纪念他对我国数学事业的突出贡献，1991 年湖南教育出版社与中国数学会共同设立了“华罗庚数学奖”。

你参加过数学竞赛吗？你知道被称为“中国现代数学之父”的人是谁吗？

他就是大数学家华罗庚。

## 杂货店里的数学家

华罗庚小时候就爱动脑筋，对数学尤其感兴趣。他的数学才能在中学时就展露了出来，初中毕业后他就读于上海中华职业学校，因拿不出学费而中途退学了，回家帮助爸爸料理杂货铺。但他很舍不得放弃数学，每天带着3本书，一本《大代数》、一本《解析几何》和一本摘抄来的薄薄50页的《微积分》，开始了艰苦的自学之路。他每天都坚持学习

10小时以上，用5年时间自学完了高中和大学低年级的全部数学课程。

> 时间是由分秒积成的，善于利用零星时间的人，才能做出更大的成绩来。

他每天埋头做习题，也没空和别人玩；大家又看不明白他写的像小蝌蚪一样的数学公式，都觉得他有些呆，就给他取了个绰号叫“罗呆子”。他也确实做了一些傻事——

华罗庚白天在店里帮父亲打算盘、记账，有时候还要站柜台。一有空，他就埋头看书、做习题，思考问题。有一次，一个顾客来买线，华罗庚正在算一道数学题，对方问：“一包线多少钱？”

“853729。”

“这是什么线啊？哪能那么贵！不买了，哼！”

华罗庚是顺口把正在计算的数学答案念了一遍，结果把生意搅黄了。在里屋的父亲听到这番对话赶紧出来解释，但是，顾客早已扬长而去，气得他把华罗庚狠狠训斥了一通。

## 有才华的人光芒难掩

就这样，华罗庚一边帮父亲打理杂货铺，一边还在《科学》杂志上发表了两篇学术论文《施图姆定理之研究》《苏家驹之代数的五次方程式解法不能成立之理由》。这两篇文章让他崭露头角，也引起了清华大学数学系主任熊庆来教授的关注。

熊庆来教授四处跟人打听文章是谁写的，结果发现是一个只念过初中的杂货铺伙计。熊庆来教授好像发现了宝贝一样，他打破常规，赶紧写信邀请华罗庚来清华大学工作。

熊庆来教授火眼金睛，一下就看出华罗庚是个数学奇才。

华罗庚进入清华大学工作后，开始利用业余时间如饥似渴地看书、旁听进修。以前他只有3本数学书，现在他用一年半的时间攻读了数学系的全部课程，还自学了英文、德文、日文和法文，并在国际有名的刊物上发表了文章。在清华大学里，原本对华罗庚抱有怀疑态度的人，也都转变了看法，开始对这个初中毕业的青年刮目相看了。经过勤奋的学习和研究，华罗庚终于登上了清华大学的讲台。

1935年，美国数学家诺伯特·维纳访华，他注意到了华罗庚，便向英国当时著名的数学家戈弗雷·哈罗德·哈代极力推荐。第二年由清华大学推

## 小知识　统筹方法

如果你想泡壶茶喝，而此时的情况是：没有开水；需要清洗水壶、茶壶和茶杯；火已生了，茶叶也有了。怎么办？如果不洗水壶，就不能烧开水，因而洗水壶是烧开水的前提。有了开水、茶叶，清洗了茶壶茶杯，才能泡茶，因而这些又是泡茶的前提。所以最优的流程应该是：洗水壶—烧开水—洗茶壶茶杯、拿茶叶—泡茶。

荐，中华教育文化基金会保送，华罗庚得到了去英国剑桥大学进修的机会。

1937年，他回到祖国，任清华大学教授直到1945年，期间经历国立西南联合大学时期。1946年，华罗庚应纽约普林斯顿高等研究院邀请去美国讲学，并于1948年被美国伊利诺伊大学聘为终身教授。之后不久，妻子带着他们的3个儿子来到美国和他团聚。

1949年中华人民共和国成立后，华罗庚毅然决定放弃在美国的优渥生活，回到祖国的怀抱。1950年，华罗庚携全家返回祖国，先后担任清华大学数学系主任、中国科学院数学研究所所长等职务。

华罗庚一生致力于数学研究和发展，为我国数学发展做出了巨大贡献，开创了中国数学学派，被誉为“中国现代数学之父”。他在很多研究领域都走在了世界前沿，数学界一直解不出来的高难度问题，如“华林问题”“塔里问题”“奇数的哥德巴赫问题”，他都取得了突破。他的10部巨著中，有8部被列入20世纪的数学经典著作。国际上以他命名的数学科研成果也有很多，比如“华氏定理”“华氏不等式”等。

## 数学家帮你巧做事

在从事数学理论研究的同时，华罗庚也在努力尝试将数学运用到工农业生产中。经过一段时间的研究，他发现“统筹法”和“优选法”是在生产中能普遍应用的方法。于是，他一边在学校教课，一边带领学生去推广这两种方法，帮助大家提高工作效率，取得更好的效益。现在在我们的日常生活中，还会经常用到这些方法呢。

比如，我们在做一件事的时候，怎样做才最节省时间、最有效率？就拿妈妈打扫卫生来说吧，要拖地、擦玻璃、用洗衣机洗衣服，还要晒衣服，她一般会按什么顺序做这些事情？

如果你仔细观察就会发现，妈妈一般会先把衣服放进洗衣机里，再去拖地、擦玻璃，最后晒衣服。这就是用了统筹法在干活，在洗衣机洗衣服的同时做其他事情，这样做事情又快又好。如果妈妈先拖地、擦玻璃，再洗衣服，用的时间就太长啦。

## WHEN?

**1910** 出生于江苏金坛。

**1929** 在《科学》上发表《施图姆定理之研究》。

**1930** 在《科学》上发表《苏家驹之代数的五次方程式解法不能成立之理由》。

**1931** 在清华大学边学习边工作，用一年半时间学完了数学系的全部课程，同时自学了英、法、德、日语。

**1936** 前往英国剑桥大学进修，还研究出“华氏定理”，在那里至少发表了15篇论文。

**1937** 回国，任清华大学正教授直到1945年。

**1950** 放弃在美国的优厚待遇，回国担任清华大学数学系主任。

**1955** 被选聘为中科院学部委员（院士）。

**1984** 被评为美国科学院外籍院士。

**1985** 应邀到日本东京大学做学术报告，结束时突发急性心肌梗死倒在了讲台上，送医院后经抢救无效逝世，终年75岁。

21

# 不敢给学生上课的数学天才

## 陈景润

·1933 年—1996 年·

（中国）

陈景润，我国著名的数学家。他在北京四中教书的时候却害怕讲课，只能批改作业。1973 年，他发表了“1+2”的详细证明，被公认是对哥德巴赫猜想研究的重大贡献，在国际上被命名为“陈氏定理”。1981 年，陈景润当选为中国科学院院士。他还担任过国家科委数学学科组成员、中国科学院原数学研究所研究员。

你害怕老师吗？你有没有想过，老师可能也会害怕学生呢！

站在讲台上，下面一群淘气包时刻准备淘气、拆台，老师可是要有点儿自信才能把课讲好呢。有一位数学天才，就在做数学老师这个事情上栽了跟头。

那便是我国著名的数学家陈景润。

## 害怕学生的老师

20岁的陈景润从厦门大学数学系毕业，被分配到北京一所名校——北京四中教数学。在当时，那可是一件非常了不起和值得骄傲的事情呢。

不过，这对陈景润来说，可是一段不那么愉快的经历。

他从小就是一个孤僻、内向的孩子。第一次离开家乡福建到北京上班，普通话说得不太好，带着浓浓的家乡口音，他很害怕给学生们上课。

上第一堂课时，陈景润鼓起勇气走进教室。他站在讲台上，眼睛都不太敢看下面的学生，刚讲了几句，便开始冒冷汗，汗水顺着他的脸颊流了下来，滴到了讲台上。

“老师，你讲的话，我们听不懂。”

“老师，你说的问题太高深了，我们听不懂。”

讲台下一片哄笑，台上的陈老师更紧张了，结结巴巴地更讲不出来了。数学上非常有天分的陈景润，竟然搞不定一群学生，每次上课都很辛苦。本来身体就不太好，平时工作、学习又不分昼夜，再加上不适应北方的气候，陈景润经常生病。后来，学校让他回家乡养病，基本上是辞退的意思了。

陈景润大学毕业后的第一份工作就不顺利，这对他来说是一个巨大的打击。

## 朴素的生活和华丽的研究

陈景润的家境很普通。他回到家后，一边钻研数学，一边在家门口摆摊卖点儿书。厦门大学校长知道了这件事情，不忍他的数学才华埋没，毫不犹豫地帮助他，请他到厦门大学当一名数学系资料员。这个工作倒是适合他，主要就是整理图书，不用和太多人来往。

不过，除了当数学系资料员，他还担负着为数学系学生批改作业的工作。尽管工作繁忙，他仍然抓紧一切业余时间钻研数学。当时学校规定到了晚上一定要关灯，陈景润就做了一个大灯罩，躲在里面学习。后来他专心研究大数学家华罗庚的数学专著，经过反复核算，发现《堆垒素数论》中有一个问题计算错了。他写信给当时担任中国科学院数学研究所所长的华罗庚，其数学才华得到了华罗庚的认可。在华罗庚的建议和帮助下，他被特邀参加第一次全国性的数学研讨会，并被

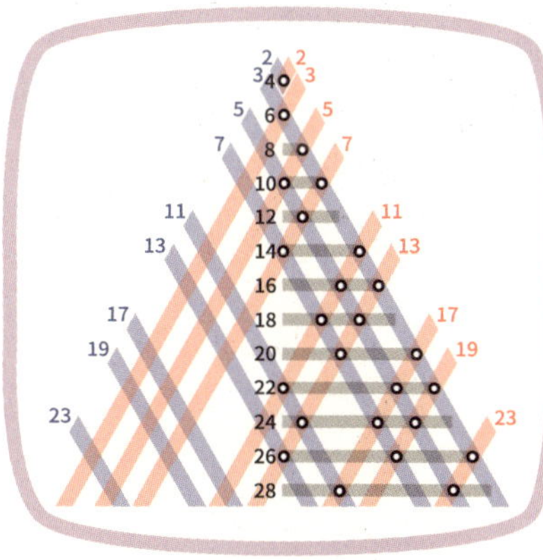


任一大于 2 的偶数，都可表示成两个素数之和

调入中国科学院数学研究所。在华罗庚的指导和培养下，他开始了证明哥德巴赫猜想的研究历程。华罗庚和他的这段师生情谊，在数学界被传为美谈。

在研究所里，为了方便研究且不打扰其他人，陈景润在征得舍友们同意后，搬到了宿舍的厕所里。在这个只有3平方米的屋子里，白天，他坐在凳子上看书做演算，晚上就把几块木板搁在方凳和马桶上，铺上被褥，睡在上面。一天24小时，陈景润有十五六小时泡在数学里。他倒是和邋遢的北宋著名文学家王安石有些像，忙得整天没心思刷牙、洗澡，他的小屋和身上常会有异味。在研究所里，他得了一个外号，叫作“科学怪人”。

陈景润平时生活很节俭，总吃馒头和面条，他爸爸给他的一件旧的短棉大衣，他穿了20年，天暖和了，就把棉絮拆出来，天冷了，再填回去。他把攒下来的钱存在存折里，不时拿出来看一下。他还喜欢收藏首饰和硬币，当他从小屋搬出来的时候，他的学生帮他收拾出一大堆各个国家的硬币，有一桶油那么重。

他把时间都用来研究数学了，据说他为了证明哥德巴赫猜想，足足用了6麻袋的草稿纸。

为了证明哥德巴赫猜想，足足用了6麻袋的草稿纸。

## 什么是哥德巴赫猜想？

读到这儿，你可能想问了，什么是哥德巴赫猜想呢？

哥德巴赫是德国的一位数学家，1742年，哥德巴赫写信给另外一个

## 小知识 陈氏定理

哥德巴赫猜想在 1742 年提出后的很长一段时间内毫无进展，直到 20 世纪 20 年代，数学家从组合数学与解析数论两方面分别提出了解决的思路，并在其后的半个世纪里取得了一系列突破。目前最好的结果是中国数学家陈景润在 1973 年发表的“1+2”（也被称为“陈氏定理”）。

数学家欧拉，提出一个猜想：任何一个大于2的偶数都可以写成两个素数（即质数）之和，例如6＝3＋3、24＝11＋13等。大家推算了一下，发现他说得很对，有的人一直验算到了3.3亿个数，都表明这是对的。但是更大的数目，更大更大的数目呢？猜想起来也应该是对的。

可是猜想归猜想，要证明它却很难很难。200多年过去了，数学家们几乎没有取得大的进展，在世界著名的23个未解决数学问题之中，哥德巴赫猜想位于第八位。

可以想见，哥德巴赫提出的这个猜想有多难证明了。不过，陈景润却一直没有放弃这个难题，他为了证明这个命题，写出了厚达200多页的长篇论文。

这个论文的名字叫《大偶数表为一个素数及一个不超过两个素数的乘积之和》，简称为“1＋2”。在这篇论文中，陈景润虽然没有最终证明哥德巴赫猜想，但是他用已有的数论工具，做到了当时数学家能证明出来的最好结果。要想比他的证明更接近答案，得有新的思路和新的数学工具出现才行。他的成果被国际数学界称为“陈氏定理”，被公认为筛选理论的光辉顶点，还被写进了美、英、法、苏、日等6个国家的许多数论书中。直到现在，陈景润的证明都没有被超越，这正是陈景润的厉害之处。

## WHEN?

**1933** 出生于福建省福州市。

**1953** 毕业于厦门大学数学系，在北京市第四中学任教，因口齿不清被拒绝上台授课，只可批改作业，后被“停职回乡养病”。

**1954** 调回厦门大学任资料员，同时研究数论。

**1973** 发表了“1+2”的详细证明，将哥德巴赫猜想的研究向前推进了一大步。

**1981** 当选中国科学院院士。

**1992** 获得首届华罗庚数学奖。

**1996** 在患帕金森氏综合征十几年后，因突发性肺炎并发症去世，将遗体捐献给医院解剖。

22

# 轮椅上的宇宙之王

## 霍金

·1942 年—2018 年·

（英国）

斯蒂分·威廉·霍金，英国理论物理学家、宇宙学家及作家。他的幽默感简直称得上赫赫有名，好笑或不好笑的笑话都能让他两眼发亮、淘气地发笑。他专注于广义相对论的宇宙演化，以研究黑洞的工作而闻名。他的著作《时间简史》是全球最畅销的图书之一，被译成 40 多种文字。

想象中的黑洞

你听说过“黑洞”吗？根据爱因斯坦的相对论，宇宙里存在一种叫作“黑洞”的天体，非常神秘。因为密度极大、体积极小，它就像是“宇宙吸尘器”一样，任何靠近它的东西，甚至是光，都会被它吸到肚子里。

对科学家来说，黑洞就是最神秘的存在，很多科学家都去研究它。过去，人们理解的黑洞就是漆黑的一团，任何物质只要掉进去就出不来了。贪婪的黑洞一直不停地“吃呀吃呀”，会不会有一天宇宙都被它吃光了？难道宇宙最后的命运就是一个黑洞吗？

有位坐在轮椅上的科学家做了更大胆的推测，他说“黑洞不黑”，凭空产生的负能粒子会掉进黑洞，正能粒子会趁机逃逸，因此黑洞会发光。这听起来太好玩了！

你知道是谁这么聪明吗？他就是伟大的科学家霍金。

## 一个预言和糖果赌注

霍金出生于英国牛津，是现代最伟大的物理学家之一。他在伽利略去世整整300年后来到这个世界，又在爱因斯坦139岁冥诞那天离开了世界。

小时候的霍金并不是“神童”，他很晚才学会阅读，成绩也不拔尖儿，作业书写总是不整洁，令老师非常头疼。而且，他说话不清楚，有些口吃，同学们都听不懂，都说他在说“霍金语”。12岁的时候，霍金有两个同学对他的未来做过一次预测：乔恩猜霍金“将来会一事无成”，巴兹尔猜测霍金会“成为一个非常了不起的人”，他们的赌注是一袋糖果。

根据霍金的日常，乔恩有充分的理由相信自己能赌赢。的确，虽然霍金后来成绩不错，但他却不是个用功的学生，比如在牛津大学学习的前三年时间里，他只有1000小时在学习，这相当于每天只学习1小时。

## 一切都变成了额外津贴

21岁时，霍金患上了“渐冻症”。这是一种可怕的疾病，身体会像被逐渐冻住一样瘫痪，最后只能坐在轮椅里。霍金一开始还能自己打字、说话，到后来只剩下一小部分面颊肌肉可以活动，且完全失去了语言能力，但他自始至终没有失去勇气。当时，医生诊断霍金只能活两年，结果霍金不仅没有被病魔打垮，反倒激发出强大的斗志。

显然，童年赌局中的巴兹尔更有远见，他发现了老师、家长，甚至霍金自己都没有发现的天赋。诊断出渐冻症后的第三年，霍金取得了博士学位，32岁时他又进入了英国皇家学会。46岁时，霍金完成《时间简史》一书并公开出版，全球发行量数千万。最终，他战胜了自己，比医生

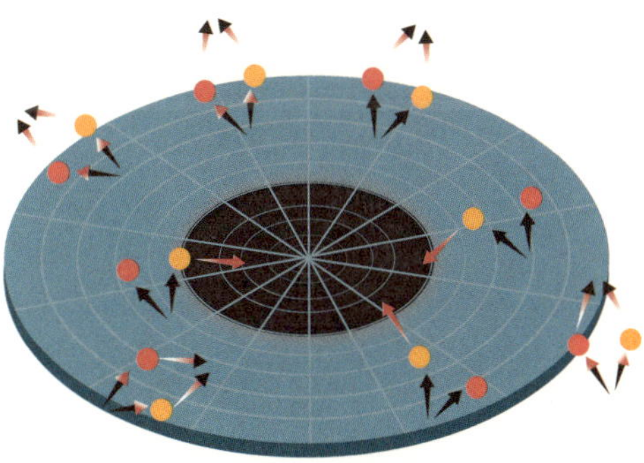

霍金辐射

诊断的多活了53年，并成为一名伟大的天体物理学家。

霍金全身上下只有3根手指和眼皮能动，他承受了很多常人无法承受的痛苦，即使这样，他依然乐观、幽默、热爱生活和事业。他曾说过："在我21岁时，我的期望值变成了零。自那以后，一切都变成了额外津贴。"他还曾说过："要保持一颗好奇心。无论人生多么困难，你总能做些什么。但如果你选择放弃，那就麻烦了。"

他经常拿自己开玩笑，比如他曾戏称自己虽没得过诺贝尔奖，但还是比同事都要成功。因为他曾在大银幕上演过自己，比如《星际迷航》《生活大爆炸》，还在动画片《辛普森一家》和《飞出个未来》中为自己的卡通形象配过音。

一个人如果身体有了残疾，绝不能让心灵也有残疾。

霍金不仅成为伟大的科学家，而且还有3个活泼可爱的孩子。霍金一生都在轮椅上研究宇宙，他说：

“我的目标很简单，那就是彻底地理解宇宙，它为什么呈现出现在的样子，以及它为什么存在。”

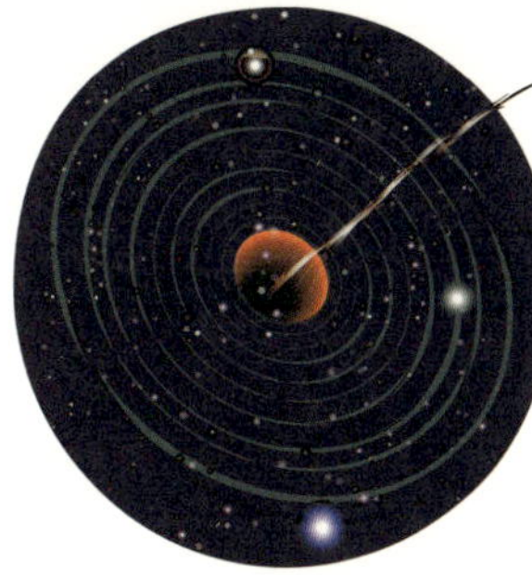

## “驯服”黑洞的科学家

霍金一生中的两个主要成就是：奇点定理和黑洞蒸发。你知道这两个理论发表时霍金有多年轻吗？分别是28岁和32岁！

在“奇点定理”这个问题上，霍金和其他科学家一起证明了：宇宙也像黑洞一样，在时间空间的尽头，也会存在密度无穷大的“奇点”。

霍金的另一个重要理论是“黑洞蒸发”。他提出：黑洞并不完全是黑的，也并不只是吞噬一切，它还会向外发射物质。量子力学理论认为每一种基本粒子都有一种对应的反粒子，两者质量相同，相遇后互相湮灭，所以我们平时看似平静的真空里，其实也有能量发生。霍金提出，黑洞的引力场会捕获反粒子，正粒子随即被解放，从黑洞中逃逸出来，因此就仿佛是在从边缘向外发射能量一般，这种能力被称为“霍金辐射”，它让黑洞反而看起来是发光的。

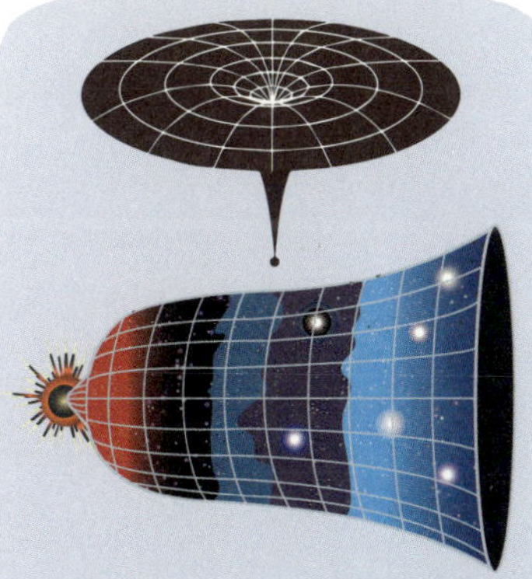

“奇点”是宇宙大爆炸之前宇宙的存在形式

我们的宇宙也有点儿像黑洞，如果我们能把时间无限朝前追溯，也会存在“奇点”。随着它的“宇宙大爆炸”，最终形成了星系、恒星、行星、你、我和宇宙中的一切。

不夸张地说，霍金就是“驯服”黑洞的

那个科学家！

生活中的霍金，是个充满未来感的人。他常常发表言论，提醒人类对寻找外星人、制造人工智能保持警醒。

他曾经举办过一个没有宾客的聚会。邀请的是时间旅行者，事先他没通知任何人，聚会之后才发出请柬。所以，如果不能回到过去，就没有人能参加他的聚会。

如果你是个时间旅行者，请你打印出霍金的请柬，穿越到2009年6月28日，他还在那个聚会上等你。

## WHEN?

1942 出生于英国牛津。

1965 在剑桥大学获得博士学位。

1970 与彭罗斯共同发表论文证明，假若宇宙遵守广义相对论，并且含有足够多的物质，则它必定起始于大爆炸“奇点”。

1971 发表了3篇重要论文，关于原生黑洞、无毛定理和黑洞热力学第二定律。

1972—1973 与杰姆斯·巴丁、布兰登·卡特合作提出4条黑洞热力学定律。

# 霍金是个怎样的人？

## 学术上

- 聪明过人，牛津大学功课在他眼中“简单到令人发笑”
- 无神论者
- 对科学真理不懈追求
- 致力于科学知识的普及

## 生活中

- 长期与疾病做斗争
- 喜欢阅读
- 生活俭朴
- 风趣幽默
- 喜欢聆听经典音乐与阅读科幻小说

| 1974 | 1988 | 1979—2009 | 2018 |
| --- | --- | --- | --- |
| 访问加州理工学院，同年当选为英国皇家学会院士。 | 完成《时间简史》一书并对外发表。 | 担任剑桥大学的卢卡斯数学教授。 | 3月14日，他的家人发表声明表示霍金去世，终年76岁。 |

# 从好奇到思考

## 5分钟读懂科学家小史

下

骑象编委会 | 编著

46位科学家的趣味故事
启发孩子从好奇到思考

人民日报出版社
北京

**图书在版编目（CIP）数据**

从好奇到思考 ：5分钟读懂科学家小史. 下 / 骑象编委会编著. —北京：人民日报出版社，2022.10

ISBN 978-7-5115-7528-9

Ⅰ.①从… Ⅱ. ①骑… Ⅲ. ①科学家－生平事迹－世界－儿童读物 Ⅳ. ①K816.1-49

中国版本图书馆CIP数据核字（2022）第190979号

书　　名：从好奇到思考：5分钟读懂科学家小史（下）
CONG HAOQI DAO SIKAO: 5 FENZHONG DUDONG KEXUEJIA XIAOSHI ( XIA )
作　　者：骑象编委会

出 版 人：刘华新
选题策划：鹿柴文化
特约编辑：王晓彩　刘颂歌
责任编辑：张炜煜　白新月
封面设计：智　勇

出版发行：人民日报出版社
社　　址：北京金台西路2号
邮政编码：100733
发行热线：（010）65369527 65369846 65369509 65369512
邮购热线：（010）65369530 65363527
编辑热线：（010）65369514
网　　址：www.peopledailypress.com
经　　销：新华书店
印　　刷：北京永诚印刷有限公司
法律顾问：北京科宇律师事务所 010-83622312

开　　本：710mm×1000mm　1/16
字　　数：281千字
印　　张：25.75
版　　次：2022年11月第1版
印　　次：2022年11月第1次印刷

书　　号：ISBN 978-7-5115-7528-9
定　　价：128.00元（全2册）

# 目录

鲁班纪念馆

01

# 越传越奇的木匠祖师爷

## 鲁班

·公元前 507 年—公元前 444 年·

**（春秋末期到战国初期）**

鲁班是春秋末年著名工匠家。据说鲁班出生于鲁国的一个世代大家族——公输族。相传，如今木工师傅们用的手工工具，如钻、刨子、铲子、曲尺，还有画线用的墨斗都是鲁班发明的。人们尊称他为“中国土木工匠的祖师爷”。

你听说过有个成语叫“班门弄斧”吗？说的是在行家面前卖弄本领，自不量力。这里的“班”指的是鲁班，他是春秋时期鲁国人。从这个成语就能看出鲁班有多厉害了。鲁班出生在一个工匠世家，他的父亲和爷爷都是工匠。鲁班从小爱看长辈们敲敲打打地造房子，他便也常常把尺子、榔头、斧头这些木工用具当作玩具。后来跟着长辈们参与工程建造，积累了丰富的经验。鲁班绝对是个木工天才，现在木工师傅们用的手工工具，如钻、刨子、铲子、曲尺，还有画线用的墨斗，据传都是他发明的；传说他用木头做成的飞鸟，能在天上飞三天三夜呢！鲁班年老时，领着徒弟周游天下，传授经验，人们尊称他为“中国土木工匠的祖师爷”。

## 来自草叶的启发

据说，我们现在用的锯子就是鲁班发明的。

相传，有一次鲁班进深山砍木头时，一不小心，脚下一滑滚下山去，手被一种野草的叶子划破了，渗出血来。他倒是没着急包扎伤口，而是很纳闷：“什么东西这么锋利，把我的手划了这么深的口子？”

他顺着自己滚下来的路往上爬，突然发现有一种草的叶子两边长着锋利的齿，他用这些密密的小齿在手背上轻轻一划，居然割开了一道口子。他的手就是被这些小齿划破的。

鲁班从这件事上得到了启发："要是能做出这样齿状的工具，不就可以很快地锯断树木了吗？"他兴奋地跑回家，经过多次试验，终于发明了锋利的锯子，大大提高了木工们的工作效率。

不过，鲁班生活的年代离我们非常遥远，很多关于他发明创造的传说都不尽准确。比如，根据现代的考古发现，锯子早在距今7000年前就出现在中国北方各地，当时是用蚌壳和石片做的。到了商代晚期，也就是鲁班出生几百年前，青铜的刀形锯就已经普遍存在了。

## 一块严丝合缝的石头

一天，鲁班师徒二人走到一个地方，被一条河拦住了去路，一座没有完成的大石桥横跨两岸，许多工匠正在叮叮当当地敲打石块。师徒俩决定留下几天，帮工人们造好石桥再走。

## 小知识 你玩过鲁班锁吗？

传说春秋时代鲁国工匠鲁班为了测试儿子是否聪明，用 6 根木条制作了一件可拼可拆的玩具，叫儿子拆开，儿子忙碌了一夜，终于拆开了。其实这只是一种传说，鲁班锁应起源于中国古代建筑中首创的榫卯结构。

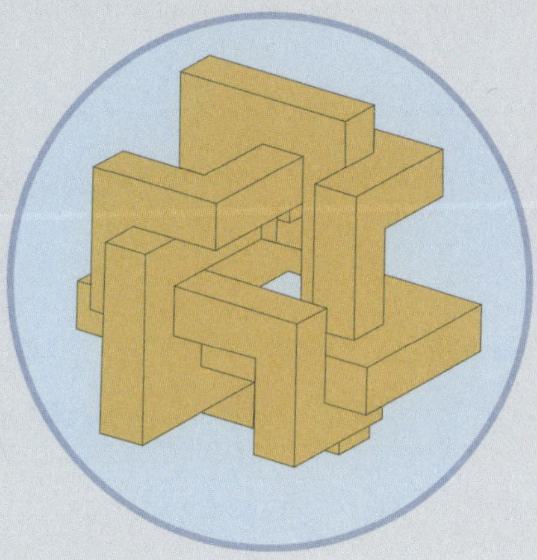

第二天大清早，鲁班师徒二人就跟着大伙儿开工了。鲁班仔细端详石桥，并进行了测量，又用尺子量了一下旁边一块被废弃的大石头，然后就开始使劲地敲打起来。大伙儿一见，都哄笑起来，觉得那块石头是被他们劈坏扔掉的，却被这人拿来当宝贝。

几天后，石桥开始接拢，就剩下中间的几块石头还没装好，包工头暗自得意，心想完工后就可以领到奖赏了。可他发现，鲁班还在敲打那块石头，不禁大笑起来，工人们也都停下来看热闹。鲁班慢慢抬起头说："这块石头你们不要，就给我吧！"

包工头冷笑了一下："可以，您老人家力气大，就带着它走吧！"

鲁班站起来谢了一声，抱着这块大石头就走了。师徒二人离开工地，来到旁边的一个茶棚，继续叮叮当当地敲起来。卖茶的老婆婆看他这么大年纪了还在四处找活干，觉得他很可怜， 就让女儿拿来一盘干粮送给他们吃。

鲁班收下干粮感激地说："谢谢你们，我们的石头也打好了，就留给你们吧！”母女俩有点儿糊涂了，一块石头能有什么用呢？

不久大桥快完工了，包工头却急坏了，原来在造桥之前，他没有细心地量好尺寸，导致现在缺了一块石头。工人们这才想起来鲁班打磨的那块石头。包工头只好寻到卖茶老婆婆那里，把那块打磨好的石头买了回去，结果，装到大桥上竟然严丝合缝，刚好合适。

这个故事虽然有些夸张，但是鲁班在建筑方面的贡献和成就一直被人们铭记到今天。现在中国建筑行业工程质量方面的最高荣誉奖——中国建筑工程鲁班奖，就是以鲁班的名字命名的。

根据历史资料记述，鲁班的妻子云氏也是一位巧匠，她是**雨伞**的发明者。

WHEN?

公元前507：出生于世代工匠的家庭，从小就跟随家里人参加过许多土木建筑工程劳动，逐渐掌握了生产劳动的技能，积累了丰富的实践经验。

公元前450：从鲁国来到楚国，帮助楚国制造兵器。

公元前444：去世。

中国人民邮政
4
(297)1962

02

# 造出既不贵也不重的“宝贝”纸

## 蔡伦

·61 年—121 年·

**（东汉时期）**

蔡伦是人类有史以来最具影响力的发明家之一。他把树皮、破布、麻头和渔网都用来造纸——蔡伦总结以往人们的造纸经验，革新造纸工艺，扩大了造纸原料的来源，制成了“蔡侯纸”。这种纸很便宜，质量也高，最主要的是原料很容易找到，所以逐渐被推广并普遍使用。经蔡伦改造的造纸术，对人类文明进步产生了重大影响。

## 不能没有纸

如果没有纸，现在的世界会是什么样？

每天上课，老师会说："请拿出电子课本，点击第58页。"——妈妈没理由再阻止我看电子产品了。打开书包，里面只有一个小电脑——大概"书包"该改名叫"电脑包""学习包"了。纸，在今天的我们看来好像越来越不重要了，和电子产品相比，它甚至成了沉重的负担。但是历史上如果没有纸，就不会有图书和知识的广泛传播，人们很难接受教育，继而进行发明创造。那么，又何来电脑和电子课本呢？

回到公元105年，那一年有一个叫蔡伦的人，向皇帝献了一样"宝贝"。这件"宝贝"质地轻薄，一大片一大片的，有点儿像布料，很适合用来写字；但这"宝贝"又不贵，据说是用树皮、麻头、破布、烂渔网做出来的。

皇帝乍一看，还以为是个多贵重的宝贝呢，毕竟以前确实没见过，据蔡伦说还能用来写字！要知道，那年头写字可是件奢侈的事情，不是写在竹简上，就是写在丝帛上。在竹简上写字很费功夫，一片竹简上写不了几个字，写一篇小作文要用好几卷竹简，携带起来又大又重，每个读书人都得承认"知识就是重量"！那用丝帛写字呢？更奢侈了！普通老百姓家连粗布新衣服都舍不得做几件呢，哪还用得起昂贵的丝帛。即使有钱也经不起总用丝帛写字呀！

想到手里这“宝贝”能写字，皇帝已经小心翼翼地用双手捧起来了。这时，蔡伦微微朝前探了探身子，说道：“陛下，这纸不值钱，何不大量生产，让书写更容易呢？”皇帝一听，原来这“宝贝”既不贵也不重啊……想着不值钱好啊，不值钱以后就可以随便写字了，看书也不费劲了！皇帝非常开心，连连称赞蔡伦。蔡伦得到皇帝的称赞和支持后，更加卖力地研究造纸术，以造出更好的纸！

从此，读书写字不再是一件“奢侈”的事，极大地促进了科学文化的发展。所以，如果没有纸，也许上学都还是个难题呢！

> 蔡伦改进的**造纸术**，极大地促进了科学文化的发展。

## 技术宅蔡伦

蔡伦出身很普通，祖上是打铁的。他从小在乡学读书，读《论语》、学习《周礼》，而且对邻里乡亲养家糊口的活计很感兴趣，像种麻、养蚕、铸造之类的，他都耳濡目染，学到了不少。少年的蔡伦已经是满腹经纶，很有才学了。十几岁的时候，他被选进宫，从此就生活在了权力的中心地带。

有一段时间，他兼任尚方令，主管皇帝御用的器物制造。这可是他的主场，他向来喜欢钻研手工制造！一到休假时，别人都想着法子玩乐消遣，他呢，房门一关，概不见客，跑去作坊做技术调查。拥有了一个皇家作坊，可得好好利用起来！这里有一流的工匠、一流的工艺、一流的材料和一流的工具，简直是技术宅蔡伦的天堂！据记载，他大幅改进了刀剑器械的制作工艺，达到很高的水平。由他监督锻造的刀剑器械，质量上乘、外观精致，后世都拿来当典范呢！

## 树皮造纸

跟在皇帝身边，每天见得最多的就是竹简、帛书，蔡伦虽身在皇家作坊，却从来没见到哪个工匠造出柔韧易书写、轻便好携带的书写材料。他在皇家作坊倒是听说过一种纸，勉强能写字，但很粗糙，厚薄不均，容易破，显然还不如竹简、帛书呢。

相传有一天，蔡伦带着几名小太监出城，正在溪边休息时，忽然看见溪水里的枯树枝挂住了一层白絮，白絮浮在水上，跟蚕丝漂洗过后留下的残絮差不多。蔡伦捡起一根树枝，凑上去挑起来，仔细看了看，确实跟丝帛很像。他派遣小太监去打听，农夫说："这是冲下来的树皮，在水里泡久

## 小知识 中国古代“四大发明”

四大发明包括造纸术、指南针、火药、印刷术，这一说法，源自 19 世纪末的英国汉学家艾约瑟。

造纸术：西汉时期发明，经东汉蔡伦改进。为人类提供了经济、便利的书写材料，掀起了一场人类文字载体的革命。

指南针：据《古矿录》记载，指南针的前身是司南，最早出现在战国时期的磁山一带。指南针为欧洲航海家的航海活动提供了条件。

火药：我国古代炼丹家发明于隋唐时期。火药武器的使用，改变了作战方式，帮助欧洲资产阶级摧毁了封建堡垒，加速了欧洲的历史进程。

印刷术：雕版印刷术发明于唐朝，北宋时又有活字印刷，它们大大促进了文化的传播。

了，又沤又晒的，就烂成絮了。”蔡伦一听，眼睛都亮了，连忙问是什么树，农夫一指岸边：“构树。瞧，这一大片都是。”

蔡伦连声道谢，脸上笑开了花。没几天，蔡伦就带着人在这里架起了各种工具，剥树皮，切碎，浸泡，沤晒，舂捣成浆，再用竹篾捞起一层晾干——纸，就造出来了。轻薄、均匀、细密，看起来还不错。造纸坊可以建起来了！

## 物美价廉的纸

渔网是用麻织的，这么有韧性，跟构树皮长得又那么像，那是不是也可以用烂渔网来造纸呢？

不过，这纸用的时候还是容易破，得想想怎么继续改进。于是，蔡伦又开始四处调查。有一次蔡伦去造纸坊，看到一个长者正指着沤料池批评后生。原来是沤料池里的构树皮中混入了一个烂渔网，他正准备走开，却见长者越说越生气，竟抡起一旁的渔网要打后生。蔡伦闪到一边，后生也闪到一边。渔网没有打下来，抬头一看，原来是挂在了树杈上。长者扯了几下扯不下来，一跺脚，生气地走了。

后生抄起长棍子，转身去挑沤料池里的烂渔网。蔡伦在一旁仔细瞧着，发现烂渔网和沤泡过的构树皮难分彼此，无论是形状还是颜色都差不多。蔡伦闪过一个念头：渔网是用麻织的，这么有韧性，跟构树皮长得又那么像，那是不是也可以用烂渔网来造纸呢？

试试就知道了！蔡伦让纸工找来一些烂渔网，染上石灰，装进大锅——第一步，蒸煮！第二天，蔡伦特意起了个大早，来到造纸坊仔细查看。烂渔网经过蒸煮、漂洗、切碎、舂捣，把制成的糨糊倒入捞纸池中抄捞，捞起的纸跟构树皮纸一样！而且，纸张更韧了！这

可把蔡伦高兴坏了，果然还是要多调查、多试验呀！

这样一来，蔡伦可用的材料就更多了，凡是麻制的破布、破鞋、破绳子，都可以拿来造纸。一样样试验下来，效果都很好！麻在东汉时期可是家家都种的作物，用麻造纸，可谓物美价廉！

## 青史留名

公元114年，邓太后封蔡伦为龙亭侯。由于在全国各地逐步推行的新造纸方法是蔡伦发明的，因此人们便把这种物美价廉的书写材料称作“蔡侯纸”。

造纸术的发明，大大方便了人们的书写，便利了文化的保存和交流，推动了我国文化的发展。后来，蔡伦改进的造纸术沿着丝绸之路经过中亚、西欧向整个世界传播，为世界文明的传承和发展起到了重大的推动作用。蔡伦之名，流传千古；蔡侯之纸，泽被千年。

WHEN?

- 61　出生于东汉桂阳郡（今湖南郴州。一说63年出生，出生地现址也有争议）。
- 75　被选入宫，不久成为小黄门（小宦官）。
- 105　向汉和帝献纸。
- 114　被封为“龙亭侯”，封地三百户。
- 121　因权力斗争服毒自尽。

張衡博物馆

03

# 从数星星到爱上苍穹

## 张衡

·78 年—139 年·

（东汉时期）

张衡随便拿出一项本事就能“秒杀”一众人。他是东汉天文学家、地理学家、数学家、科学家、发明家及文学家。他曾制作浑天仪和地动仪，发现日食及月食的原因、绘制记录2500颗星体的星图、计算圆周率、确立浑天说的宇宙论；在文学方面，他开创了七言古诗的诗歌体裁，是“汉赋四大家”之一。联合国天文组织将月球背面的一个环形山命名为“张衡环形山”，把太阳系中的1802号小行星命名为“张衡星”。

你知道天上一共有多少颗星星吗?

这真不是一个容易回答的问题！如果不借助天文仪器的话，大多数星星我们是看不见的。光是我们肉眼能看到的星星，就有9000多颗了，数都数不过来。

## 爱数星星的孩子

东汉时期，有一位叫张衡的少年特别爱数星星。

小时候，夏天的夜里，张衡和奶奶在院子里乘凉，他总是抬起头盯着天空，有时还用手指比比画画，认真地数星星。没有人认为张衡能

数得清天上的星星，可是数的时间久了，张衡发现星星的移动是有规律的。星星不但有可能被数清，它们的位置还能被用来为人们指路。

张衡发现星星的移动是有规律的。

张衡的曾祖父是西汉王莽时代的大地主，祖父张堪对东汉的建立有战功，后任渔阳太守，是政绩卓著的好官。不过，到张衡父亲这一辈家境就没那么好了。张衡小时候的生活很贫苦，但他从小就十分好学。张衡在青年时期结识了大学问家贾逵（kuí），并与当时很多有名的学者都有来往。他特别喜爱天文，曾经研读过西汉扬雄《太玄经》等天文历法著作。

后来，张衡出任太史令一职。东汉时期的太史令，掌管国家的天时、星历、时节禁忌等事。当有灾变异象发生时，太史令负责将其记录下来。在那里，张衡为了探索天文奥秘，制作了浑天仪这样的新设备。他时而站在天文台上专注地观察和测量日月星辰，时而钻进书房钻研古代典籍，最终把他所见所感的宇宙结构与运动规律，写成了《灵宪》一书。

他认为，太阳如火，月亮如水，火向外发光，水则将景映入其中，因此月光生于日之所照。这与现代天文学的观察结论不谋而合。

# 观测地震的仪器

张衡所处的东汉时代，人们对自然现象的理解还比较落后，地震是当时人们最为恐惧的天灾之一。地震常常造成房屋倒塌、江河泛滥，被看作上天的警诫和不吉利的征兆，如果应对不当，甚至会影响到政局的稳定。

当时，地震信息的传递不清不楚，且非常滞后。常常是京师洛阳已有明显震感，而邮驿的呈文却迟迟不到，即便是到了，也写得含混不清。朝廷常常不知道什么地方的震感最大，什么地方受灾最严重。

如果能早一点儿知道哪里发生了地震，就能提前采取措施，减少损失。张衡经过对地震现象的细心研究，发现悬挂着的吊篮、吊灯等，在地震的时候会不停晃动，深受启发。他用了4年的时间，发明了一个由悬挂物触动机关，从而探测地震的仪器，叫作“地动仪”。

这是用精铜铸成的一个“铜壶”，外面有8条龙，每条龙对应一个方位，每个龙头的嘴里含着一颗铜珠，

下面各蹲着一个张着嘴的铜蛤蟆。哪个方向发生地震，哪个方向所对应的龙头就会吐出铜珠，“铛”的一声落入铜蛤蟆口中。

据古代文献记载，大约在公元134年的一天，地动仪上正对着西方的龙嘴中的铜珠掉了下来。按照张衡的设计，这说明京城洛阳的西部发生了地震。但身处洛阳的人并没有感到任何震动，于是本来就不相信张衡的人开始说他的坏话。

一直等到几天后，一匹快马进了洛阳城，带来一个遥远的消息。陇西真的发生了地震！

陇西位于今甘肃省东南部，正是在洛阳正西的方向，而两地相隔六七百千米，难怪洛阳毫无震感。

看来地动仪还是报准了。张衡发明的地动仪是世界上第一架能测到地震的仪器，比西方的地震仪器早了1700多年！

但因为年代久远，历经各种变迁，张衡的地动仪早已失传。现在我们在书上或博物馆里看到的，都是根据流传下来的资料复原的模型。这些复原仪，并没有探测地震的功能。因此地动仪的原理到底是什么，其实现在并没有科学的说法。

## 杰出的天文学家

张衡是一位做出了杰出贡献的天文学家，他的宇宙观独树一帜，包罗万象。为了纪念张衡的功绩，联合国天文组织把月球背面的一个环形山命名为“张衡环形山”，还把1802号小行星命名为“张衡星”。

张衡发明的**地动仪**是世界上第一架能测到地震的仪器。

小朋友，晚上的时候，你也可以出去看看星空，试试能不能找到由7颗星星连起来的一把勺子，那就是张衡小时候就开始琢磨的北斗七星。

WHEN?

78 出生于今河南省南阳市。

96 起草《东京赋》和《西京赋》（合称为《二京赋》），历经10年完成。

100 出任南阳太守的主簿（各级主官属下掌管文书的佐吏）。

# 张衡是个怎样的人？

## 学术上

- 天资聪颖，兴趣广泛
- 好学不倦，不分日夜
- “汉赋四大家”之一
- 被后人誉为“木圣”
- 制作浑天仪和地动仪

## 生活中

- 淡泊名利，不慕官位
- 为政以清廉著称
- 对宫廷政治的污浊奸诈深感忧愤
- 反对王侯贵族的奢侈生活
- 曾上疏痛陈时弊

**119** 撰写《算罔论》，但此书至唐代已失传。

**123** 在东汉历法之辩中，与人共同提倡采用《九道法》，指出月亮运行速度不均匀，但因与传统历法习惯相悖而未被采用。

**132** 发明了世界上第一架预测地震的地动仪，命名为“候风地动仪”。

**139** 去世。

04

# 中国第一位外科手术专家

## 华佗

·约 145 年—208 年·

（东汉末年）

华佗是中国古代著名的神医。从古到今，“华佗再世”都是对医生的最高评价。华佗一生行医济世，精通内科、外科、妇科、儿科、针灸之术；他发明麻沸散，为人实施外科手术；他研究养生之术，模仿虎、鹿、熊、猿、鸟的动作，创造了“五禽戏”。

东汉末年，有一位民间医生医术非常高明，救了很多人，后来人们把他称为神医，他便是华佗。有的人还会在“华佗再世”后面加4个字——“妙手回春”， 意思是医生医术高超，能把垂危的病人治愈。

## 神医华佗

华佗生活的时代，是东汉末年到三国初期这一段时间，当时各国混战，所以史书中关于华佗的记载很少，只留下了他治病救人的传说。

相传，华佗医术高明，他善于打破传统的医疗方法，寻找新的治疗

手段，比如他擅长用心理疗法治病。有一位郡守大人得了重病，让华佗为他诊治。

华佗对郡守的儿子说：“你爸爸的病和一般的病不同，有瘀血在他的胸部，要想办法让他把瘀血吐出来，不然就没命了，可能需要你配合一下。”

“只要能把我爸爸的病治好，你说什么我都肯做。”

“我会想办法激怒他，还请你莫要怪罪。”

于是，华佗多次接受郡守送的礼物却不治病，不久就不辞而别。临行前，华佗还给郡守写了一封信，痛骂了他一顿。郡守看信后，大怒，派官兵捉拿华佗。但是，郡守的儿子知道其中缘由，嘱咐官兵不要追赶。郡守盛怒之下吐出很多黑血，他的病竟然就这样好了。

## 古代的健身操——“五禽戏”

当年华佗还编了一套健身操，这套健身操叫“五禽戏”。

华佗非常善于观察，他根据常年观察的5种动物的特点，创造了一套健身操，一叫虎戏，二叫鹿戏，三叫熊戏，四叫猿戏，五叫鸟戏。五禽戏是一套通过模仿5种动物的形态、动作来使全身肌肉和关节都能舒展开的医疗体操。据说他的学生吴普使用了这种方法锻炼，活到90多岁时，听力和视力都很好，牙齿也完整牢固。

那时候，运动和健康之间的关系还没有明确的科学依据，能认识到体育锻炼可以强身健体，保持认知能力不衰退，华佗真的是很有远见。

## 世界上最早的麻醉剂

据史书记载，华佗还发明了一种药，叫麻沸散，是世界上最早的麻醉剂。

相传，华佗的儿子沸儿因误食曼陀罗花去世，为了纪念他的儿子，华佗就将用曼陀罗花配出的麻醉方剂命名为“麻沸散”。晋代《三国志》也有记载，擅长外科手术的华佗，开刀前让病人服用麻沸散，病人便如酒醉般完全失去知觉。

华佗会在使用之前将手术刀组用火杀菌消毒，平时不用时则浸泡在酒水里。华佗因为首创用全身麻醉法施行外科手术，被后世人尊为中国人的“外科鼻祖”。

华佗医术全面，尤其擅长外科，精于手术，此外还精通内科、妇科、儿科、针灸。

据说，华佗死后，麻沸

## 小知识 什么是“刮骨疗毒”？

华佗的行医事迹中，为关羽“刮骨疗毒”最为脍炙人口。关羽跟曹操麾下将领曹仁交战时被毒箭射伤，箭头有毒，必须刮骨头去除毒素，才能把病治好。神医华佗听闻关公中了毒箭特来医治。手术时，华佗将入骨的剧毒用刀刮除，关羽一直下棋喝酒，谈笑如常。不过根据《三国志》的记载，关羽手臂确实曾中箭，也确有刮骨疗毒的记载，只不过执刀刮骨者并非华佗（此时华佗早已去世），而是另外一位不知名的军医。

散就失传了。由于历史久远，这之中仍有很多谜题尚未解开。不过，如果你看到哪个医生有“华佗再世”的锦旗，你至少会知道，这个医生的医术很高明，受到了患者的认可。

出生于今安徽省亳州市。年少时曾在外游学，钻研医术而不求仕途，行医足迹遍及安徽、山东、河南、江苏等地。

因不服从曹操征召，被其杀害。

WHEN? 约145 → 208

05

# 史上第一全能王

## 达·芬奇

·1452 年—1519 年·

（意大利）

列奥纳多·达·芬奇是个全能王，绘画、音乐、建筑、数学、天文学、解剖学、发明、土木工程等什么都会。他留下大量的手稿，科学、工程领域的手稿和他的艺术作品一样令人难忘。他是文艺复兴时期人文主义的代表人物，也是历史上最著名的艺术家之一，与米开朗基罗和拉斐尔并称“文艺复兴三杰”。

# 让蒙娜丽莎笑起来

几乎所有去巴黎卢浮宫参观的人，都会去看一幅名为《蒙娜丽莎的微笑》的画。

人们把**达·芬奇**和米开朗基罗、拉斐尔并称为“文艺复兴三杰”。

蒙娜丽莎是一位来自佛罗伦萨的家庭主妇。她有着一头乌黑的秀发、褐色的眼睛和饱满的嘴唇，是标准的佛罗伦萨美女。

她嫁给了一个名叫弗朗西斯科·乔孔多的丝绸富商。为了能“留住”妻子的美貌，乔孔多决定找个有名的画家给妻子画一幅画像。在当时的佛罗伦萨，画肖像是个热门行当，乔孔多找到了当时已经颇有名气的达·芬奇。

达·芬奇绝对是个天才画家，他从小就喜欢画画。现在，人们把他和米开朗基罗、拉斐尔并称为“文艺复兴三杰”。

关于蒙娜丽莎的微笑有许多传说。其中一个说法是，刚开始画像时，达·芬奇一直不太满意蒙娜丽莎的表情。后来他想到一个办法，为了让蒙娜丽莎笑出来，他专门请了音乐家和侍从

来逗乐。于是，今天我们可以看到《蒙娜丽莎的微笑》在给人一种宁静美的同时，又有一种神秘感。当然，历史学家2005年才确认蒙娜丽莎的身份，这些传说不知有几分可信。现在，这幅画挂在巴黎的卢浮宫，每年大约有600万人到这里，排着长长的队，只为了看蒙娜丽莎一眼。很多人都被她的微笑迷倒了。

## 从小就是好奇宝宝

不得不说，达·芬奇是一个了不起的天才。他没有学过拉丁文，也没有接受过正规的教育，但是，他对大自然有着强烈的热爱。不仅如此，他还有超人的观察力：从各种物体的阴影，到飞鸟运动的翅膀，再到人们脸上闪过的表情，他总是能看到一般人看不到的细节。

他喜欢实验，喜欢在大脑中做实验，也喜欢通过绘画来进行实验。从这个角度讲，达·芬奇是个幸运的“好奇宝宝”，因为他所处的时代——文艺复兴正是一个渴求创造力的时代。

达·芬奇14岁的时候，父亲给他找了一份学徒的工作，他的师父是一位多才多艺的艺术家和工程师——韦罗基奥。

据说，这位苛刻的师父有一套非常严格的培训内容，包括解剖学、力学、绘画技巧，以及物体上的光影效应。对于一般人来说，学习这些可能很难很枯燥，但对于达·芬奇而言，简直称得上是量身打造。韦罗基奥对科学非常感兴趣，特别是几何学。数学、解剖学和哲学等都是他们经常讨论的话题。

有一年，韦罗基奥接到了一个艰巨的任务——将一个重达两吨的铜球放置在布鲁内莱斯基为百花大教堂建造的穹顶上。制作金属球要用到焊接技术，当时没有焊接设备，要用凹面镜将阳光汇聚到一个焦点上，利用光线焦点的高温将铜板焊接在一起。这需要用到数学计算入射光线的角度，根据计算结果来打磨凹面镜。达·芬奇对这种凹面镜非常着迷，并称其为“火镜”，在之后的数年里，他画了将近200幅草图，都是关于如何制作汇聚各个角度光线的凹面镜。

## 被“加密”的神奇手稿

达·芬奇做过很多研究，现在都可以在他6500多页的手稿中看到。这些手稿中，有很大一部分被爱做善事的前世界首富比尔·盖茨先生买了下来，并在全世界巡回展出。

第一次看到这些手稿，观众会非常惊讶地表示看不懂。

这是为什么呢？原来，手稿里的文字全部是他用左手写的反字。人们好不容易才发现了这一点。如果现在你去看达·芬奇的手稿展览，会发现在他的手稿前面都放置了一面小镜子，只有从镜子里看这些字，才能读出正确的意思。

达·芬奇设想的自驱式汽车

为什么达·芬奇要用镜像文字写手稿呢？

达·芬奇设想的飞行器

这可能是因为他是个左撇子，从右往左写反字比较容易，且不会造成墨迹沾污。也有人认为他这么做是为了让自己的研究成果不被别人轻易破解，特意加密藏起来。达·芬奇出生于15世纪，距离今天500多年。当时教会允许死刑犯的身体用于医学解剖，但是仍然不够研究所用。据说，达·芬奇早期先是雇人去盗掘坟墓，这可是违法的勾当，他后来获得了某家医院的解剖特许，才能够安心地进行人体研究。

## 意想不到的奇思妙想

达·芬奇的藏书涉及军事机械、农业、音乐、外科学、保健等。他在力学、机械、光学、医学、建筑等方面都有很深入的研究和思考。

比如，达·芬奇认识到造不出永动机的原因在于摩擦，摩擦造成能量的损耗，导致运动无法一直持续下去。

再比如，他将光、声音、磁和锤击引发的振动回响做对比，发现它们都是呈放射状传播的，而且经常以波的形式出现。他在笔记中，曾用示意图来说明自己的这些观察——这可比荷兰物理学家惠更斯提出光是一种波动早了大约200年。

达·芬奇一生有上千项发明创造，说起他的发明，天上飞的，地上跑的，水里游的，无所不有。其中有大量的战争武器：他发明的连发

## 达·芬奇是个怎样的人？

### 学术上

没有正式学过拉丁语、几何学和数学

有着不可遏制的好奇心

有着极其活跃的创造性想象力

是拥有最多不同类型的天赋的人

### 生活中

兴趣到达了一个前所未有的范围和深度

每天都做笔记，并以个人独特的镜像反写字书写

超越时代的广泛构思

素食主义者

枪，一个开关控制10支枪口，是现代冲锋机关枪的鼻祖；他制造的巨型十字弓，杀伤力丝毫不输给大炮。

后来，在全世界科学家们的努力下，达·芬奇的很多发明构想都变成了现实。

比如达·芬奇有一个预言：如果从高处跳下来时，身后背上一幅长宽相等、被亚麻布覆盖的帐篷一样的东西，就不会摔伤。2008年，瑞士业余跳伞运动员背着按500多年前达·芬奇的手稿制作的这种降落伞，从天空中一跃而下，果然安然无恙。

## WHEN?

**1452** 出生于意大利芬奇。

**1483** 应圣弗朗切斯教堂的邀请绘制祭坛画《岩间圣母》。

**1490** 将无段连续自动变速箱概念绘制成草图。今日，达·芬奇的变速概念以现代化形式实际使用在汽车上。

**1495** 开始创作《最后的晚餐》。

**1499** 为躲避战乱，住在米兰城郊外，后前往威尼斯、佛罗伦萨等地旅游并进行一些科学研究。

**1502** 为伊斯坦布尔鄂图曼苏丹巴耶塞特二世的土木工程专案制作单一跨距达240米的桥梁草图。

**1503** 在佛罗伦萨市政会议厅绘制壁画《安吉里之战》，同时创作《蒙娜丽莎》和《圣母子与圣安娜、圣约翰》（后成为《圣母子与圣安娜》）。

**1516** 受法兰西国王弗朗索瓦一世的邀请，移居到法国，潜心艺术创作和科学研究。

**1519** 病逝，葬于昂布瓦斯城堡的圣·于贝尔小教堂。他留下大量笔记手稿，内容从物理、数学到生物解剖，几乎无所不包。

06

# 中国博物学家中的“无冕之王”

## 李时珍

·1518 年—1593 年·

（明朝时期）

估计没有谁比李时珍亲口品尝的野草更多了！他是中国历史上最著名的医学家、药学家和博物学家之一，出身于医生世家，自幼热爱医学。他曾 3 次应试失败，故弃儒学医，钻研医学。他所著的《本草纲目》是本草学集大成的著作，对后世医学和博物学研究影响深远。

## 注定是一位医生

李时珍出生在距离我们500多年的明朝，他的爸爸是当时蕲州一带的名医。不过，李爸爸可不想让儿子当医生。因为在明朝，民间医生的地位不高，常常要为生计苦恼。有时候，为了赚钱，他们还要同时算命、看病、抓药。地位低，赚钱少，万一看不好病还会被病人打，所以李爸爸不愿意让儿子再学医药，而是希望他能够通过科举考试，改变家族的命运。

李时珍从小聪颖过人，14岁便顺利地考上了秀才。父亲鼓励他努力学习，去参加三年一次的乡试。不过，李家这个儿子却注定要吃医药这碗饭，他连续参加3次科举考试都没考中，这对李时珍的打击非常大。

于是，考场失意的李时珍说服父亲，让他同意自己回家转为学医，彻底放弃科考。

## 《本草纲目》如何写成

不过，科考的经历也不是一点儿用都没有，这让李时珍不同于一般的村野医生，他读的书可多了！经史子集、声韵农圃、乐府诸家，只要是他能找到的书，他都要读一读。

在医书方面，《黄帝内经》《伤寒论》《神农本草经》《名医别录》等他都读过，而且还发现了这些医书里的一些缺陷和不合时宜的地方，比如，一些新药在古书里查不到，一些药物图文不一致。

英国的李约瑟称赞李时珍为“药物学界中之王子”。

行医10多年后，他走出书房，带着两个随从——老庞和老魏，到各地进行考察，进深山、入老林，甚至请教游医、樵夫、渔夫和农民，足迹遍及河南、河北、江苏、安徽、江西、湖北等地。那时候没有飞机汽车，全靠一双脚，李时珍用了十几年时间，登过太和山、大别山等名山，采集了许多珍贵的标本，写下了数百万字的访问记录，获得了极其难得的一手资料！

之后，李时珍又潜心整理这些资料，经过3次修改，终于完成了《本

草纲目》初稿。在这本书里，每种药物分别从8个方面来解释，有释名、集解、正误、修治、气味、主治、发明和附方。其中，“主治”是说这种药治什么病、怎么用。“发明”收录了历代医家用药的经验，还有李时珍毕生游历从医实践的经验——这是《本草纲目》了不起的创新。另外，李时珍创作时还从读者的角度出发，绘制了大量图片，对使用者识别药物有非常大的帮助。

这部作品写成的时候有190多万字，收录编写了1892种药物、11000多个药方，书中附1110多幅药物形态图。著名生物学家达尔文曾评价《本草纲目》是古代中国的百科全书。后来，李时珍又新增内容，10年间陆陆续续多次修改，前后将近40年才最终定稿。

## 《本草纲目》如何出版

不过，《本草纲目》的出版并非一帆风顺。

李时珍先后到湖北的蕲州、黄州、武昌等地联系《本草纲目》刻印事宜，但是，没有官府支持，也没有名家“站台”，哪有书商敢于一下子刻印如此卷帙浩繁的著作呢？在湖北屡屡受阻的李时珍决定到书坊云集的南京去试一试。然而，名不见经传的他，在南京谈了几家书坊还是一无所获。

李时珍想到西晋的左思请名人作序，使其作品《三都赋》一时间“洛阳纸贵”，便带着千辛万苦完成的《本草纲目》，乘船去江苏太仓，拜访当时的文坛领袖王世贞。王世贞留李时珍小住，饮酒畅谈，并答应为李时珍作序。此次南京之行，虽然没有谈妥《本草纲目》的出版事宜，但是，李时珍也算不虚此行了。据说，他还参观了郑和下西洋带回来的异域植物，探访了南京的医药市场。

《本草纲目》开始刻印则又是10年之后的事了。那时，李时珍已经72岁了，他终于得到了南京刻书家胡成龙的支持，皇皇巨著开始刻印。

遗憾的是，李时珍并没有看到毕生心血的问世，在他去世3年之后，这部巨著才出版。

## 李时珍是个怎样的人？

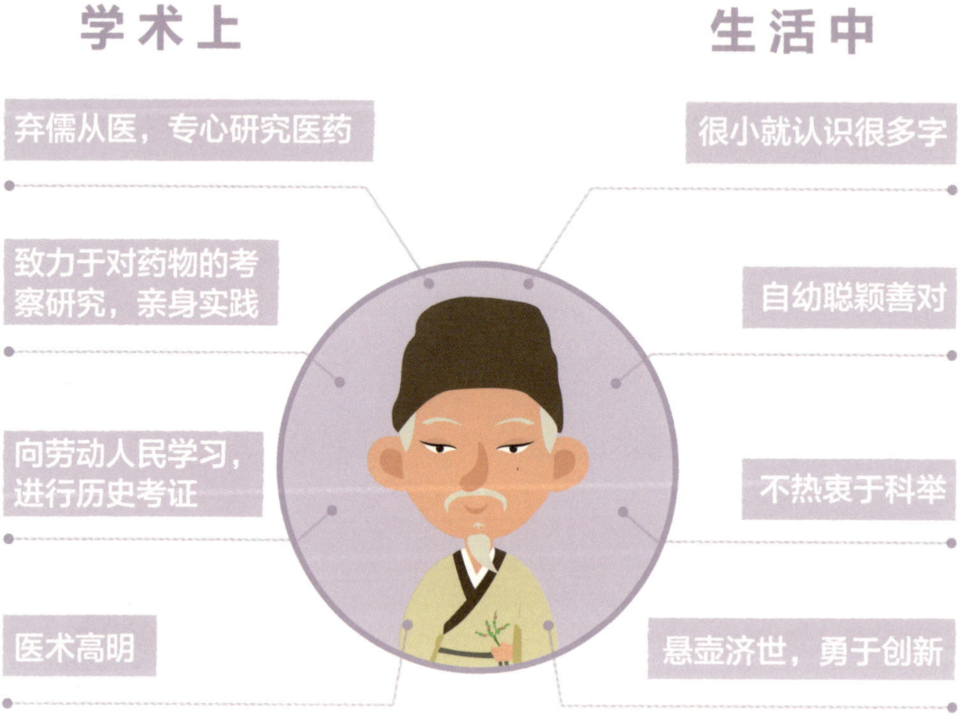


在序言中，王世贞评价《本草纲目》——“博而不繁，详而有要”，可以说是十分贴切了。

### 超越时代的医学家

李时珍的思想和医术是走在时代前端的。据说他能治疗结石，能使用冰块降低高热病人的体温，还能使用蒸煮病人衣物的方法来防止家庭中其他人被病毒感染——相当于现在的高温杀毒，他对疾病预防的想法很先进。

后来，《本草纲目》被传到日本、欧洲，李时珍被尊称为“一代药圣”，也有人说他是中国博物学家中的“无冕之王”。虽然他活着的时候没有获得荣誉，但后人都认为他是这个领域真正的王者。

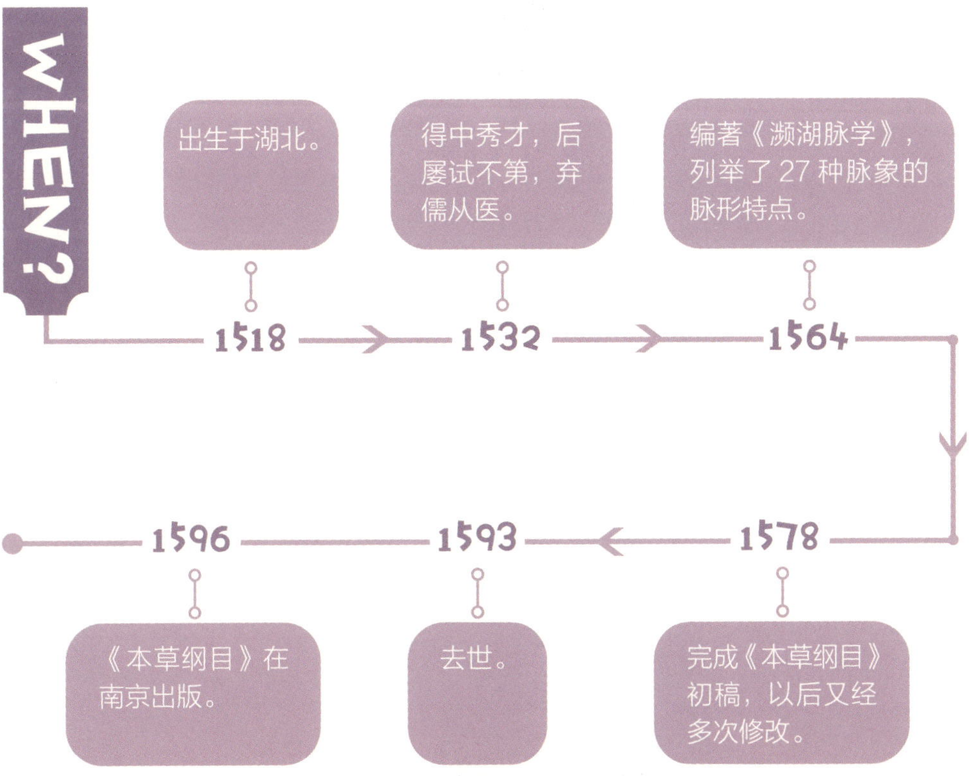

07

# 300 年前的野外勘察家

## 徐霞客

·1587 年—1641 年·

**（明朝时期）**

徐霞客是明代著名的旅行家、地理学家和文学家。他从小就喜欢学习，博览群书，尤其钟情于地经图志。他曾纵游全国，足迹遍历今21个省，所到之处，寻幽探秘，并记录观察各种人文、地理、动植物情况。徐霞客对岩溶（喀斯特）地貌进行了详细的记录和深刻的研究，包括溶洞分布和成因都有详细的考释。他还对长江源头做了考察，纠正了古代文献的一些错误。

中国古代写游记写得最好的人，是明朝的徐霞客。

他曾经花费30多年时间在中国各地旅行、考察，写下现存60余万字的《徐霞客游记》，详细记录了我国的地理和风土人情，被称为“明末社会的百科全书”。

## “不爱考就不考”

徐霞客出生在明朝时期江苏江阴一个富足的书香门第家庭。

因为受到一场科考舞弊案影响，徐霞客的先祖徐经被取消了考试资格。这件事对徐经的影响很大，他一改对儿子们学业上的要求，说：“我不再强迫你们参加科考，你们爱考不考。”

结果，他家的这位后辈徐霞客，还真的“不爱考就不考”了。

徐霞客原名叫弘祖，“霞客”是他的别号。他从小就喜欢看书，但超级讨厌科举，他酷爱的是历史、地理和游记。因为他爱看奇书，做自己真正喜欢的事情，并且创造了许多奇迹，故被世人称为“千古奇人”。

22 岁时，徐霞客戴着妈妈给他做的一顶远游帽，就开始出去旅游了。

## 世界喀斯特地貌研究之父

不过，他可不像我们旅游那么悠闲，他为了探察江河山川的雄奇，专门走别人没走过的路。这些地方可危险了，一不小心就没命了。有一次他还进过“妖洞”探险呢。

那一年，他游历到湖南茶陵，吃饭时，听到饭客在聊天：“听说附近麻叶洞里，住着神龙……”“是呀，这洞里有精怪，没人敢进呀，就咱们这些凡夫俗子，小命还不得搭进去？”

徐霞客一听，竟有这样神秘的地方，一定要去看看才不枉此行。他到附近的村子去找向导，可没人敢给他带路。好不容易以重金雇到一个人做向导，结果那人误以为徐霞客会降服精怪的法术，到洞前时得知徐霞客只是个读书人，吓得掉头就走。徐霞客只好跟自己的一个仆人入洞。

徐霞客入洞走了几百米，洞就突然变得又低又窄，他拿着火把，只能像蛇一样爬行。爬着爬着，山洞突然豁然开朗。地面上，像春笋一样的石柱子拔地而起，高高的山洞顶上，垂下来一根根奇乳怪石，有的像床，有的像莲花，有的像窗帘垂在四周，颜色晶莹洁白，纹理清晰。

听说有人要探麻叶洞，附近的村民都震惊了，纷纷跑到洞口看热闹，他们还以为徐霞客被怪物吃了呢。大家等了很久才见徐霞客二人出洞，不禁惊喜万分，把手举到额头行礼，以为二人是会法术的得道之人。徐霞客道谢解释，大家这才知道，这个“妖洞”其实只是一个幽深的洞而已。

大山之中，怎么会有这么大的洞呢？这洞中的奇乳怪石又是什

么呢？徐霞客很想弄明白，他又考察了几百个岩洞，最后得出结论：“崖间有悬干虬枝为水所淋滴者，其外皆结肤为石，盖石膏日久凝胎而成。”即岩洞是因水流长年冲刷侵蚀而成，奇乳怪石是石膏日久凝结所致。这个结论比欧洲科学家早了130多年，他记载的地表岩溶（喀斯特）地貌类型和数量之多，当时在世界上是绝无仅有的，即使在今天也是难能可贵的，所以后人称他为“世界喀斯特地貌研究之父”。徐霞客对火山、温泉等地热现象也都有考察研究。

## 写下《徐霞客游记》

他这一路历险可多了。他3次遇到强盗，差点儿丧命。有一次，他坐船渡湘江，夜里停船靠岸时，突然有一伙强盗杀到船上。徐霞客听到外面有喊杀声，衣服都来不及穿，趁强盗不注意，跳进了河里。还好水浅，只到他的腰部。等到他爬到安全的地方，已经被冻得浑身哆嗦。别人见他可怜，便将一床被子盖在他身上。

有人劝徐霞客：“你这么大年纪了，有家室，有田产，何不待在家里过安定日子？万一有个不测，身边连一个亲人都没有。”

已经50多岁的徐霞客却坚决不改其志。

他曾说：“我随身带着一把铁锹，哪里不能埋我的尸骨呢！”

就这样，30多年的时间里，他凭借自己的一双脚走过了中国的大部分河流和山脉。每天晚上，无论栖身破庙还是露宿街头，他都坚持做一件事——点起油灯，写下一天的游历见闻。这些日记体的游记资料，在他去世后由他人集结成册，这本册子便是震惊天下的《徐霞客游记》。

《徐霞客游记》堪称中国旅游史及中国文化史上的一座**里程碑**。

5月19日被定为中国旅游日，就是为了纪念徐霞客，因为这一天是他写下第一篇游记的时间。

# 徐霞客是个怎样的人？

## 学术上

无意功名，对科举考试没兴趣

博览群书，学识广博

凡是读过的内容都能记得

旅途中严格进行地理考察记录，求知破疑

## 生活中

一生绝大部分时间都在旅行中度过

不畏艰辛、勇于探险

在最后一次游历中“两足俱废”

注重孝道，曾因母亲不忍远游

## WHEN?

**1587** 出生于今江苏省江阴市。

**1601** 应过一回童子试，但没有考取。

**1608** 正式出游，开启了几十年的游历。

**1640** 在游历中“两足俱废”、心力交瘁，被送回江阴。

**1641** 病逝于家中。遗作经好友季会明等整理成书，广泛流传。

Franklin

08

# 发现雷电秘密的人

## 富兰克林

·1706 年—1790 年·

（美国）

本杰明 · 富兰克林是一位标准的“斜杠青年”（有多重职业和身份的人），他是政治家、外交家，还是科学家、发明家。他是第一个发现金属尖端放电现象的人，并首先提出电荷守恒定律。他还是一位脑洞大开的发明家，他的发明主要有避雷针、玻璃琴、富兰克林壁炉、游泳眼镜、医用导尿管。富兰克林从未申请过专利，他在自传中写道：“在享受他人发明的极大便利时，我们应该做出发明，帮助他人。”

在很久以前，曾经流行过一种叫“飞行男孩”的魔术，一个被吊在空中的男孩，可以用眼神翻书，还能隔空取物。

这个魔术看起来稀奇，其实原理很简单，就是依靠静电。我们开门、穿脱衣服，有时会听到噼噼啪啪的响声，还会感觉被电到了，就是静电在起作用。

我们现在知道，静电是因为电荷的相互作用产生的。每种物体的表面都有电荷，无论是冰冷的石头，还是我们的器官，它们都能通过一种力量将这些电荷抓在自己的表面。不过，不同的物体力道强弱不同。当两个不同的物体互相摩擦时，“较弱”物体表面的电荷会被“较强”的物体抢走，这个时候电火花就出现了。

> 富兰克林是第一个发现金属尖端**放电**现象的人。

为什么秋天、冬天的时候静电更多呢？这是因为，干燥的空气是绝缘的，而湿润的空气是导电的。空气湿润时，物体间的电荷更容易转移，并保持电荷相对平衡；而当空气干燥时，电荷往往被束缚在约束力较强的物体表面，物体之间电荷数量悬殊，就容易抢来抢去，静电也就多了。

## 发现静电原理的人

是不是觉得静电很有趣？和你一样对静电感兴趣的还有位科学家，

他叫富兰克林，说起来，他还是位特别淘气的科学家呢。

为了研究电，他制作了一只金属蜘蛛，一通电，蜘蛛就会跳起来，让人误以为这是一只真的蜘蛛。他还把自己屋子周围的铁栅栏都通上电，让栅栏电光四溅，以此作为款待宾客的节目。这样他还嫌不够，竟然用电击的方法宰杀感恩节要用的火鸡，结果，他的一只手遭到了电击，瞬间失去知觉，一直麻木到第二天早上才好。

不只是静电，富兰克林对雷电也有兴趣。他比较了静电放电和雷电两种现象，发现它们都会发光、都有爆炸声等，觉得二者很相似，于是猜测——雷电也是一种放电现象。要知道，在富兰克林生活的时代，人们普遍认为雷电是天神发怒的结果。

为了证明自己的推测，他还提出过一个实验设想，在雷雨中用风筝来引电：在拴风筝的线绳上系一枚金属钥匙，当雨水打湿风筝线时，风筝线就能导电，电闪雷鸣间，雷电电流就会顺着线流向金属钥匙。这些电收集起来，可以用来做实验。至于他有没有亲手做过这个实验已经是一个历史谜团了，今天的学者普遍认为，这个实验大概率只是一个设想。

富兰克林发明了
避雷针。

不过，富兰克林关于雷电是放电现象的推断是正确的，他还据此发

明了避雷针。我们城市里高高的建筑物上都有一根细细的铁针，这根铁针就是避雷针，它们保护着我们的建筑物在雷雨天免遭破坏。

## “斜杠青年”

除了科学家，富兰克林的身份还有发明家、物理学家、政治家、外交家、作家、出版商等。他出生在美国波士顿的一个大家庭里，他家有17个孩子，富兰克林排行第十五位。由于家境贫寒，家中孩子又太多，他只上了两年学就辍学了。

12岁那年，富兰克林到哥哥詹姆士经营的小印刷所当学徒。在这期间，富兰克林从未中断过自己的学习，常通宵达旦地阅读各类图书。16岁时，富兰克林用“寂寞的行善者”这个名字发表了14篇文章，大家一直都以为这是一位成熟稳重的老人写的文章，直到55年后，富兰克林才自己揭开了这个秘密。

后来富兰克林和另一名学徒一起创办了自己的印刷所，出版了费城报纸《宾夕法尼亚报》，并大获成功。

富兰克林一生只研究对人们日常生活有益的科学。比如，他研究过为什么深色衣服比浅色衣服更容易吸收热量，发现了感冒的原因，发明了富兰克林取暖炉、游泳眼镜、蛙蹼、老年人用的双焦距眼镜、颗粒肥料，甚至还发明了一种叫作玻璃琴的乐器，是不是很特别？此外，他还最先绘制出暴风雨推移图，最先解释清楚北极光，最先改革英语的发音……

富兰克林还特别重视教育，为了提高各阶层人的文化素质，他兴办图书馆，组织和创立了多个协会。1787年，富兰克林捐款修建了以他名字命名的富兰克林·马歇尔大学。

WHEN?

1706 出生于美国马萨诸塞州波士顿。

1729 出版费城报纸《宾夕法尼亚报》。

1736 组建北美第一支志愿消防队。

## 小知识 下雷阵雨时，闪电为什么总比雷鸣先到？

闪电是云层间传播的电流，而雷声是闪电的高温导致空气快速膨胀发出的声音。如果你离闪电很近，你会在看到它的同时听到雷声。但当它离你很远的时候，你就会先看到闪电，后听到雷声。这是因为光比声音传播的速度快得多。声音的传播速度是 1000 多千米 / 时，也就是说声音大约 3 秒多走 1 千米。当一道闪电划过，你从 1 数到 3 时就听到一阵雷声，意味着闪电发生在你身边 1 千米左右的地方。在下雷阵雨的时候，你不妨数一数闪电和雷鸣之间差几秒。相差时间越长，说明雷电离你越远；相差时间越短，雷电就离你越近，这时候待在房间里才是最安全的。

人们为了纪念富兰克林，将他的头像印在100美元的钞票上。美国海军历史上也有6艘舰船以“本杰明·富兰克林”命名。

| 1747—1752 | 1775 | 1787 | 1790 |
| --- | --- | --- | --- |
| 首次提出电荷守恒定律；揭开雷电现象的秘密，制作避雷针。 | 被选为第二届大陆会议的成员，参与起草《美国独立宣言》。 | 参加制定美国宪法的工作。 | 在美国宾夕法尼亚州费城去世。 |

James Watt

09

# 蒸汽就是动力

## 瓦特

·1736 年—1819 年·

（英国）

詹姆斯 · 瓦特，一个把自己的名字写在了灯泡上的男人。他是英国皇家学会院士，爱丁堡皇家学会院士，苏格兰著名的发明家和机械工程师。他改良了纽科门蒸汽机，是引领工业革命的重要人物。为纪念瓦特的贡献，国际单位制中的功率单位以瓦特命名。

# 只想发明的发明家

你观察过换下来的灯泡吗？在灯泡上常常会有个“W”的标记，你知道是什么意思吗？

这个“W”是功率单位“瓦特”的符号，简称“瓦”。瓦数越大表示功率越大，也就是这只灯泡每秒消耗的电量越大，亮度通常也会越高。

“瓦特”可不是个随便取的单位名称，而是一位伟大的英国发明家的名字。为了纪念瓦特改良蒸汽机为人类发展做出的重大贡献，1889年英国科学促进协会采用了“瓦特”这个单位名称，1960年“瓦特”被纳入国际单位制。

瓦特究竟是个什么样的人呢？他的蒸汽机到底有什么魔力呢？

1736年，詹姆斯·瓦特出生在英国苏格兰的一个临水小镇。瓦特的爸爸有一间木工工作室，在这里瓦特跟他学习了许多木工技能，认识

了不少航海仪器，比如指南针、望远镜……十几岁的时候，瓦特梦想着成为一名仪器制造工，于是去伦敦做了学徒。学徒生涯很艰难，他每天要在寒冷的车间工作10小时，下班后还要接着打零工，赚取一点点生活费——哪怕加上爸爸支援他的钱，他也常常要饿肚子。好在瓦特很聪明，上手快，决心用1年时间掌握别人通常要用3~4年的训练才能学会的技艺。不到两个月，瓦特就超过了其他学徒——其中有些甚至已经做了两年学徒了。

> 除了这台**机器**，
> 我别无所思。

学成之后，瓦特在苏格兰的格拉斯哥开了一家店。格拉斯哥大学的教授们认可他的能力，为他设立了一个“数学仪器制造师”的职位，常常给他安排一些工作。1763年，一位大学教授请他检修实验室里的一台纽科门蒸汽机。就是这次契机，使瓦特萌生了改良蒸汽机的想法。

后来瓦特投入十几年的时间进行尝试、改造，终于发明了分离式冷凝器，成功改良了蒸汽机。这下子他收到的订单一批接着一批，不过，瓦特并没有因此停止技术研究，他骨子里并不是一个商人，他更想做他最喜欢的事，那就是发明。他曾经写信给他的商业伙伴博尔顿，倾诉道：“我宁愿面对一门装满弹药的大炮，也不想去处理一个账目问题或者一次讨价还价。”他还有一句名言：“除了这台机器，我别无所思。”瞧！他满脑子只有发明。

## 心思细腻的小伙子

瓦特与蒸汽的故事还要追溯到他很小的时候。一天，他坐在炉火旁，炉子里的水壶正咕噜咕噜地叫着，他一脸严肃地盯着水壶，仿佛过会儿就会有什么怪物从里头窜出来。果然，不一会儿壶嘴就有动静了，先是一股白色的蒸汽飘了出来，接着蒸汽越来越浓，越来越浓。“啪嗒！”壶盖被顶了一下。“啪嗒！”壶盖又被顶了一下。瓦特意识到，这股蒸汽很有力量，它现在热得关不住了！

瓦特拿长木棍堵住了壶嘴，被堵住的蒸汽“暴躁”起来，不停地顶着壶盖，发出“嗒嗒嗒嗒”的声音。大量的蒸汽从顶开的缝隙中扑腾出来，翻滚的水也跟着往外冒，嘶嘶作响。瓦特连忙拿开木棍，蒸汽瞬间有了另一个出口，没那么“生气”了。瓦特又一次堵住壶嘴，刚才的情景再次上演。瓦特不禁思索道：蒸汽的力量能顶起壶盖，制造出这么大的动静，如果能把它利用起来就好了！

故事是否真的发生过只有瓦特自己知道了，不过瓦特确实是这样细心又敏感的人。1763年，教授找上他的那天，大学实验室里的那台大型蒸汽泵正“闹

脾气”呢，开动没几下就罢工了，瓦特很快就发现了问题所在。蒸汽泵的运作需要消耗大量蒸汽，但用来补充蒸汽的锅炉尺寸太小，没几下就供应不上了。而蒸汽泵之所以要消耗这么多蒸汽，是因为它每发动一下都会被冷却，然后就得再消耗蒸汽来重新加热。瓦特需要想个办法让蒸汽泵在冷凝蒸汽的时候不冷却气缸。

> 在科学上面没有平坦的大道，只有**不畏劳苦**沿着陡峭的山路攀登的人，才有希望到达**光辉**的顶点。

接下来的几个月，瓦特一直在寻找解决这一问题的办法，并进行了许多实验。他从书本中学到了很多关于蒸汽特性的知识，又在实验中发现了汽化的潜热。终于，在1765年，瓦特研究蒸汽泵两年后，办法来了。

## 想象力丰富的工程师

瓦特描述了灵感来临的那一刻：

“1765年初，在一个晴朗的周末下午，我出去散步。我通过夏洛特街尽头那个大门进入公园。当时我正思考着蒸汽泵的发动机，当走到赫德剧场时，一个想法突然蹦出来：蒸汽是一种弹性的物体，它会冲进真空，如果气缸连接上一个真空容器，蒸汽就会冲进去，那它就可以在容器里冷凝，而不用冷却气缸了……我还没走到高尔夫球场，这一切就在我脑海里设计好了。”

使用单独的冷凝器，蒸汽的冷凝过程就可以不断进行，而同时气缸还可以保持高温！瓦特按捺下激动的心情，终于等到了周一。一大早他就来到店里，专注地做起了实验。

他用黄铜注射器精心制作了一个临时活塞冷凝器，让蒸汽充满注射器，然后把空气从临时冷凝器中抽出，冷却冷凝器。实验成功了！这个想法行得通！

## 拉动世界的蒸汽机

1765年，瓦特取得了关键性进展，他想到将冷凝器与气缸分离，使气缸温度可以持续维持与注入的蒸汽相同的温度，并在此基础上很快建造了一个可以连续运转的模型。后来，又经过很多次试验改进，1776

年，他的第一批新型蒸汽机终于制造成功并应用于实际生产。瓦特没有因为这些成功停下自己的脚步，之后的几年，他一直在寻找各种方法继续改进蒸汽机。1784年，瓦特在蒸汽机中增加了一种连杆，减小了传递运动的连杆所受的侧向力，保障了蒸汽机的精度和安全性能，使它能适用于各种机械的运动。改良后的蒸汽机避免了能源的浪费，极大地提高了工作效率，工厂的选址也更加自由了，不必再依赖于煤矿、水能，规模化的经济就此发展起来了。

你知道吗？在改良蒸汽机的过程中，瓦特还创造了一个计量单位——马力。他参照当时人们非常熟悉的马，来有效展示蒸汽机的优越性。瓦特家附近有一个生产规模超大的啤酒厂，啤酒厂里养了很多匹马，酒厂平时都是用马来带动抽水机工作。瓦特和酒厂老板商量后，决定用一匹

强壮的马来做测试。他们让这匹马拉固定在滑轮上的一个水桶，测出了马在1分钟内能够将1000磅（约453.6千克）的水桶提高33英尺（约10.1米）。瓦特就将这匹马的工作量规定为1马力。直到现在，“马力”这个功率单位在工程技术领域还很常用呢，比如我们家里常见的空调，它使用的单位“匹”就是“马力”。

瓦特改良的蒸汽机，开辟了人类利用能源的新时代，使人类进入了“蒸汽时代”。1814年乔治·史蒂文森发明了用蒸汽机驱动的机车，可以在铁轨上运行，经过改进，时速能达到39千米，开启了英国的“铁路时代”。

蒸汽机的命运、人类的命运，都与瓦特绑在了一起。瓦特成为人类历史上最著名的发明家之一。曾经有人做过一个调查，结果显示：在历史上最知名的229位发明家中，瓦特与爱迪生并列第一。

WHEN?

1736 出生于苏格兰的港口小镇格林诺克。

1763 发现纽科门发动机的问题。

1765 发明分离式冷凝器。

## 瓦特是个怎样的人？

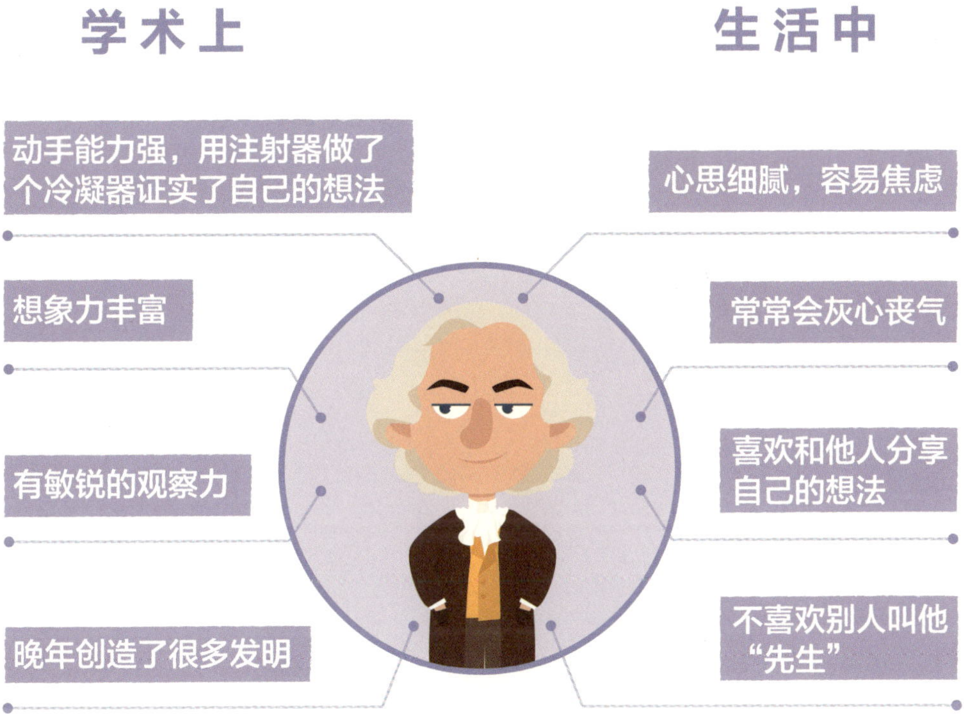


1776：第一批改良蒸汽机制造成功并投入应用。

1785：成为英国皇家学会院士。

1819：8月25日，在英格兰伯明翰去世。

牛痘疫苗
疫苗

10

# 种牛痘的医生

## 詹纳

·1749 年—1823 年·

**（英国）**

爱德华·詹纳发现了奶牛的另一个好处，那就是帮他研发疫苗！詹纳发明的“牛痘接种术”安全性高、效果显著，逐渐被各国采用，拯救了数以万计人的生命。1980 年，世界卫生组织宣布，天花在世界范围内被灭绝。詹纳的工作还为后人的研究奠定了基础，引导其他科学家针对其他传染病寻求治疗和免疫的方法。

天花曾制造了“人类史上最大的种族屠杀”。

曾经有一种病毒“杀人不眨眼”，后来彻底被人类打败、消灭。它便是天花。

## 可怕的天花

天花是感染痘病毒引起的一种疾病，因患者痊愈后脸上会留下许多麻子，所以被称为“天花”。天花病毒的传染性极强，早在公元前1万年左右就已经出现。在公元前1156年的木乃伊脸上还能发现天花留下的印记。不过天花有一个很奇怪的特点，一个人只要得过天花，就不会再次染上这种病。所以，侥幸活下来的人就会被要求去照顾患者。

受此启发，一种预防手段被发明出来：将患者身上的脓疱液采集下来，注射到健康人的手臂或者腿上，让他染上轻微的天花症，等恢复后就可以对天花免疫。这种方法将天花病死率降低到十分之一，但注射“人痘”很有可能会染上其他病，也有可能没控制好就死于天花了。很长一段时间，这种方法的弊端都未得到改善，直到爱德华·詹纳，一位英国乡村医生，带着他的“牛痘”走向世界。

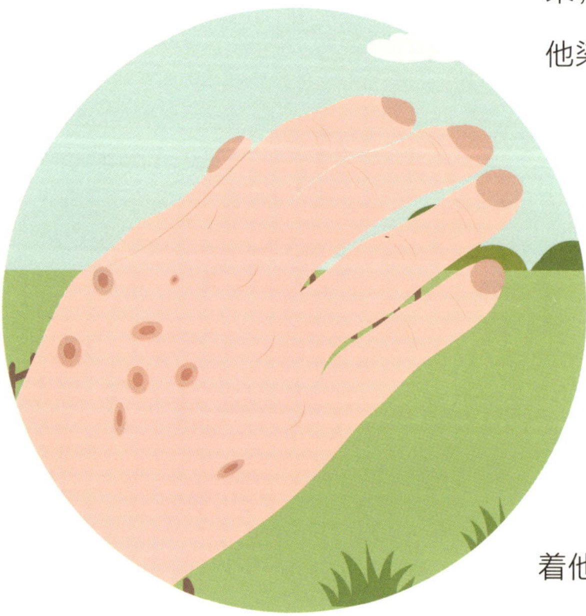

## 牛痘也可以吗？

1749年5月，詹纳出生在英国的一个小镇，爸爸是一位牧师。很不幸的是，他在5岁时成了孤儿，只好搬去哥哥家住。刚上学时，他就对自然科学充满兴趣，这一兴趣在他的一生中一直持续着。13岁时因为家里经济困难，他无法像一般牧师家的孩子那样接受教育，于是去一位乡村外科医生兼药剂师那里，当起了学徒。自此，詹纳愉快地走上了医学的道路。

一天，詹纳正在整理药瓶，几个村民边聊边笑着走进诊所。有一个村民说要接种天花，于是几个人你一言我一语聊起了这个可怕的“斑点怪物”。詹纳在一旁听着，手里的活儿继续忙个不停。只听其中一个人说：“那个人脸上坑坑洼洼的，肯定是之前染上了天花。”旁边一个妇女笑着接话：“我永远不会得天花，因为我有牛痘，所以我永远不会有一张丑陋的坑坑洼洼的脸。”几个人纷纷应声称奇：“怎么奶牛场的女工就不会染上天花呢？”

“确实没听说过有得天花的。”

“像是得到了什么特殊保护……奶牛场里长痘的都是长牛痘，没见过长天花痘的。”

詹纳抬头瞧了一眼这几个人，这件事给他留下了深刻的印象。当了8年学徒后，表现优异的詹纳前往伦敦的

> 詹纳被后人称为“伟大的科学发明家与生命拯救者”。

圣乔治医院求学，成为约翰·亨特的学生。约翰·亨特不仅是英国一位著名的外科医生，也是一位备受尊敬的生物学家、解剖学家和实验科学家。在这里，詹纳接受了生物学方面的培训，积累了大量实践经验，短短两年就在临床外科方面取得了巨大进步。

学习即将结束，亨特给詹纳安排了一个职位——留在医院做他的教学和解剖助理。詹纳虽然很高兴但还是拒绝了亨特，因为他想要回到他的家乡伯克利，在乡下开一个全科诊所，给乡亲们看病。

## 天花的克星

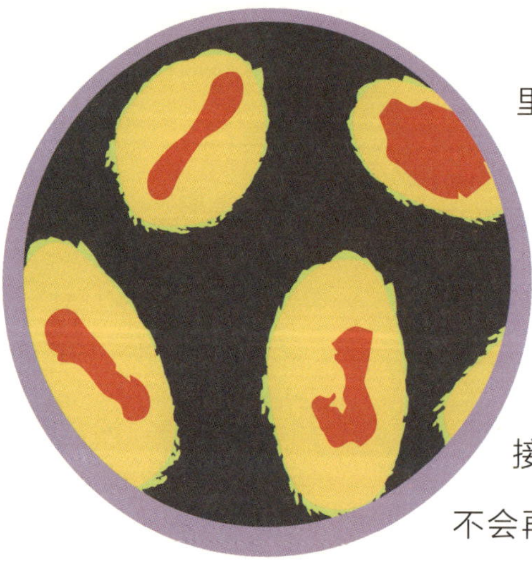

伯克利盛产乳制品，詹纳的小诊所里常常会接待一些奶牛场的员工。当初“牛痘、天花痘”模糊而神奇的关联一直记挂在詹纳心上，如今他终于有了细致观察的机会。

詹纳兴奋地发现，许多村民不愿意接种天花，他们声称自己曾经患过牛痘，不会再患天花了。至于这个说法是从哪里来的，谁也说不出来，大家只知道自古以来奶牛场里就是这么传的。詹纳很疑惑，直觉告诉他牛痘和天花痘一定有什么联系，值得探究。于是，他坚持调查下去，也许天花这个人类的祸害确实有更好的预防办法呢！

1796年5月，詹纳的小诊所里来了位奶牛场女工，名叫莎拉，她的

## 詹纳是个怎样的人？

### 学术上

- 因为对杜鹃的研究被选为英国皇家学会会员
- 发明出预防天花的最佳办法："种牛痘"
- 公布接种方法，让全世界受益
- 免疫学之父
- 伟大的科学发明家与生命拯救者

### 生活中

- 远离都市，淡泊名利
- 爱好收集动植物标本
- 经常写诗
- 会拉小提琴
- 自己制作了一个氢气球，飞了12英里

手和胳膊上新发了几颗牛痘。牛痘恰好长在以前受过伤的地方，结果就产生了大的脓疱溃疡。詹纳看这牛痘的位置十分典型，很适合用来观察研究。于是詹纳找到一个健康的8岁小男孩，征得他父母的同意后，给他接种了牛痘。

詹纳仔细观察莎拉手上的牛痘脓疱，挑选其中一个，取了些脓疱液；又在男孩手臂上轻轻划了两道浅浅的小切口，大概半英寸（1.27厘米）长，然后滴上脓疱液。接下来，他细致地照顾小男孩，等待并记录小男孩的牛痘感染症状。

接种后第三天，小男孩手臂上接种的地方出现了小脓疱。第七天，小男孩开始抱怨说他腋窝不舒服。第九天，小男孩脸色不太好，蔫蔫儿的，说是觉得冷，也没什么胃口吃东西，头疼得有些厉害。詹纳知道，这是发烧了。他虽然早有心理准备，应对得不慌不忙，但还是有点儿紧张。夜里，詹纳翻来覆去睡不着，没一会儿就起来一次，去查看小男孩的状况。他轻手轻脚地，屏住呼吸，生怕吵醒了男孩，脑门儿上都开始冒出了细密的汗珠。第二天一早，顶着黑眼圈，詹纳却依旧精神抖擞，

他再次检查了小男孩的身体，发现不适症状已经消退了。

接下来，就要验证牛痘是否真的能预防天花了。48天后，他用接种牛痘的办法小心翼翼地给小男孩注射天花的各种脓疱物质，奇迹出现了，疾病没有随之而来。几个月后，他又给小男孩注射了一次天花，依然没有引发病症。

之后的两年，詹纳为了进一步验证，做了23次病例研究，其中包括他自己11个月大的儿子罗伯特，结果都是惊人的一致：但凡得过牛痘的孩子，都对天花病毒免疫。

## 人类第一个战胜的病毒

詹纳向英国皇家学会寄了一封简短的信件，描述了他的实验和观察结果。然而，这篇小论文被拒绝了。詹纳增加了病例的研究，并于1798年私下里出了一本小册子，题为《天花疫苗原因及效果的探讨》，公布了自己的实验和接种方法，他把这种预防天花的办法叫作“疫苗接种”。

一开始人们并不相信詹纳的实验结果，但天花导致的死亡每天都在上演，于是人们开始悄悄地实验着詹纳的牛痘疫苗接种法，最后牛痘疫苗逐渐流行起来。尽管遭受了不少攻击和嘲笑，牛痘疫苗仍然因为自身

的安全有效而得到了迅速推广。到1800年，它已经被推广到欧洲大多数国家。

詹纳用自己行医的积蓄给那个接种的小男孩家盖了新房子，以做回报。而他自己，又回到伯克利乡下。他在花园里建了一处一居室小屋，称之为“牛痘神庙”，在那里，他免费为穷人接种疫苗。

人类终于找到了对抗天花的安全免疫措施。

美国总统杰斐逊曾给詹纳写信说：“你从人类的苦难日历中撕掉了那最痛苦的一页……我们的后代只会从历史书上知道曾经有过这么一种可恶的病叫天花，但被你制服消灭掉了。”

1806年，清朝人邱熺将牛痘疫苗带入广州，并给公众进行接种。很快，牛痘疫苗的接种范围就扩大到了全中国。

1980年，世界卫生组织宣布天花被完全消灭，天花病毒在自然界已不存在，只在实验室保存着两份样本。此后，每年的10月25日被定为“人类天花绝迹日”。詹纳也被后人称为“伟大的科学发明家与生命拯救者”。

## WHEN?

**1749** 出生于英国格洛斯特郡伯克利小镇。

**1762** 给一位乡村外科医生当学徒。

**1792** 在圣安德鲁斯大学获得医学博士学位。

**1796** 给一个 8 岁男孩接种牛痘并成功预防天花。

**1798** 发表《天花疫苗原因及效果的探讨》，公布接种牛痘预防天花的相关实验。

**1802** 英国国会授予詹纳 1 万英镑的奖金，并于 1806 年再次授予 2 万英镑。

**1803** 开始到伦敦皇家学会工作。

**1823** 1 月 26 日，在伯克利因中风逝世。

**1980** 世界卫生组织大会正式宣布天花被完全消灭，天花病毒在自然界已不存在，只在实验室保存着两份样本。

11

# 无处不在的微生物

## 巴斯德

·1822 年—1895 年·

（法国）

每个早餐喝了巴氏奶的人，都应该感谢路易斯·巴斯德！他是法国的微生物学家、化学家，微生物学的奠基人之一。他通过实验证明了微生物不是凭空产生的，发明了巴氏灭菌法和预防接种措施，是第一个研发出狂犬病和炭疽病疫苗的科学家。他在巴黎以募捐方式创立了一所公益型私人研究所——巴斯德研究所，共有10位诺贝尔生理学或医学奖获得者曾在此学习和工作。

## 科学、生活不分家

路易斯·巴斯德，一个生物学界的化学教授，因研发出狂犬病疫苗而享誉医学界，开辟出微生物学新领域，成为世人口中“进入科学王国的最完美无缺的人”。

巴斯德被世人称颂为“进入科学王国的最完美无缺的人”。

即使你没听说过路易斯·巴斯德，你也一定知道饭前便后要洗手以减少病菌传播，“病菌致病”就是巴斯德发现的。即使你没听说过他的“巴氏消毒法”，你也一定喝过使用“巴氏消毒法”灭菌

的牛奶。即使你没听说过他发明的“减毒活疫苗”，你也一定打过“减毒活疫苗”的预防针。

现在，你是不是觉得巴斯德无处不在？因为他的人生信条就是科学要服务于人类。所以，他每次有什么重大发现，都是为了解决现实生活问题。

而现实生活问题哪里管你是化学家还是生物学家，来了就要解决，想要解决就得靠科学。于是巴斯德一路带着他的宝贝显微镜，用实验攻克了一个又一个生活难题：酿酒酿不好要找他，肉汤变质了要找他，蚕病了要找他，被狗咬了还要找他……听起来，巴斯德实在是“管得太宽了”，但仔细想想，这不正说明，这些事物有着某种内在的联系吗？

## 巴氏消毒法

1856年的一天，一个名叫比戈的工业家来找巴斯德。巴斯德那时候在里尔大学担任化学教授兼理学院院长，年轻有为，远近闻名。当时的里尔是法国酒类制造的中心，大大小小的酿酒厂星罗棋布，酿造的啤酒在整个欧洲都很有名气。可许多酿酒厂老板一直以来都有一块心病，那就是酒常常莫名其妙就变酸了。比戈之所以来求助巴斯德，是因为他的甜菜制酒工厂最近倒掉了太多发酸的酒，再亏损下去，工厂就得倒闭了。

忧心忡忡的比戈眼巴巴地望着巴斯德，就等着他说：“这个简单，加点儿化学药剂就解决了。”可巴斯德脸上明显写着：没研究过，不清

楚。好在眉头紧锁的巴斯德深吸了一口气，开始询问甜菜制酒的细节。走的时候，比戈还是愁容满面的，不过脚步倒是轻快了不少。巴斯德十分郑重地答应他会好好研究这个问题，弄清其中的原因。巴斯德离开学校，前往工厂研究，那段时间他大都是在工厂度过的。

巴斯德找了个地下室当作实验室，开始研究发酵的甜菜汁。他细心地取了样，放在显微镜下观察：数千个微小的球状物体正在移动，它们非常短，比啤酒酵母还小得多，一粒一粒的，有些还不太规则。早在17世纪，科学家就发现，啤酒在发酵过程中会沉积一种物质，也就是啤酒酵母，但那时人们还不确定它是不是活的生物。而这次巴斯德看到的这些小家伙显然是另一种东西——乳酸。原本应该只有酵母的酒里出现了乳酸，所以酒变酸了。

巴斯德怀疑发酵过程中有活的微生物发挥作用，所以才会产生这么复杂的物质。经过实验和详细的化学测量，巴斯德证实了这一点：甜菜酒里的乳酸来自乳酸杆菌的意外污染。那么现在的问题是，怎样去除这些酒里的乳酸杆菌，让酒恢复正常呢？

> **科学虽**没有国界，但科学家却有自己的祖国。

巴斯德把酒加热，发现高温能消灭这些“微生物”。当时，酿酒厂老板并不相信巴斯德的这种办法。巴斯德也不争辩，他把一些酒的样品进行加热，另一些不加热，让酿酒厂老板耐心地等几个月。结果，经过加热的酒样品打开后酒味依然纯正，而没有加热的酒像之前被倒掉的一样，已经酸了。

1863年，应法国皇帝拿破仑三世要求，巴斯德开始研究葡萄酒变质问题。他对加热法做了精确的实验论证，经过反复调整温度，最后找到了一个既能保存葡萄酒又不会影响酒味的办法：在隔绝空气的情况下，将葡萄酒加热到五六十摄氏度，半小时左右即可，这就是著名的“巴氏消毒法”。后来，为防止啤酒、牛奶变质，生产厂家也应用了这种消毒法呢！

## 看不见的“病菌”

微生物究竟是怎么来的？是“无中生有”、凭空产生的吗？是发酵、腐烂产生了微生物，还是微生物带来了发酵和腐烂？巴斯德利用肉汤和曲颈瓶做了一个实验：把肉汤放在曲颈瓶中加热，高温可以消灭其中的微生物；而曲颈瓶长长的“弯脖子”可以拦截瓶外的灰尘、脏东西。曲颈瓶中煮沸的肉汤放置一段时间之后，结果并未变质。但是，如果肉汤煮沸后把长瓶颈折断，暴露在空气中，肉汤就会变质。这说明微生物来自空气，而不是从瓶中产生的！

但巴斯德的结论遭到了质疑和嘲笑。如果空气中有这样多的“微生物”，空气岂不是很混浊？为此，巴斯德又设计了一系列实验，与质疑者展开论战。这下，大伙儿都知道了，原来空气中有一种看不见的微生物，它们会带来污染和腐烂，不过可以通过高温加热来消毒灭菌。

巴斯德的微生物研究一直围绕着饮食展开，直到1865年，他接到了一项任务：去南方调查一种蚕病。养蚕和酿酒一样，也是法国的重要产业。巴斯德完美解决了啤酒“生病”的问题后，他“当仁不让”成了蚕病调查员。事实上，那时候他对蚕几乎一无所知，甚至连蚕的形态也不清楚。但他想到国家每年因为蚕病要损失1亿法郎时，立刻毫不犹豫地答应了，他认为这是一个科学家应该承担的责任。

既然接受了挑战，就抓住机会好好了解了解传染病吧！很快巴斯德就成了一名专业的蚕农。架起显微镜，蚕农巴斯德又有发现了！果然，导致蚕病的还是微生物！这些致病的微生物，巴斯德把它们叫作“病菌”。兴奋的巴斯德按捺住激动，通宵达旦地“分拣”病蚕和健康的蚕宝宝。凡是被病蚕吃过的桑叶，都和病蚕一道，被烧掉了。

蚕病，被控制住了。病菌，无所遁形了。这个办法挽救了法国的养蚕业。但此时期工业革命的到来，使纺棉技术不断创新，棉制品的生产成本变低，印花技术也不断发展，导致昂贵的丝绸产品不再是主流。法国的养蚕业从此开始衰落，不复从前。

## 巴斯德是个怎样的人？

### 学术上

- 强调科学应服务于人类，解决实际问题
- 发明了“巴氏灭菌法”
- 发现病菌致病
- 制作出第一支狂犬病疫苗
- 开辟了微生物学领域

### 生活中

- 爱国，曾退还波恩大学授予他的荣誉博士学位证书，以示对普法战争的抗议
- 有教育上的才华
- 5 个孩子中有 3 个死于伤寒
- 半身不遂后仍坚持工作，取得很多研究成果

## 打个疫苗

对蚕的研究让巴斯德认识到了传染病的复杂性，他开始关注动物流行病和人类传染病。

1877年巴斯德开始研究鸡霍乱。1880年，法国农村暴发了可怕的鸡霍乱，巴斯德决心克服这种瘟疫。他向医学科学院提交了他关于鸡霍乱的研究成果，并提出生产疫苗：鸡在接种了“减毒”的霍乱病菌后，不仅没有死，反倒对霍乱病菌免疫了！那么，这一原理是不是也可以帮助预防其他的流行疾病呢？巴斯德做了一系列研究，最后把目光投向了

> 如果说有什么**秘诀**，他一定会回答你：机遇只偏爱有准备的头脑。

狂犬病。那时候，人只要得了狂犬病，几乎都会无比痛苦地死去，这种病在法国越来越普遍。巴斯德组成了一个4人研究小组，在寻找病原体时他们经历了很多困难，经常冒着生命危险从患病动物体内提取病原体。因为急于采集一只疯狗的唾液，巴斯德曾经用嘴夹着玻璃管从这只狂犬嘴里吸取了几滴唾液。

终于，巴斯德团队研制出了狂犬病疫苗，他们首先在动物身上进行多次试验，结果很成功，至少证明这个疫苗对动物是有效的。然而，对动物有效的方法不一定对人类起作用，巴斯德的研究陷入了困境。

1885年，一个名叫约瑟夫·迈斯特的小男孩被带到了巴斯德的面前。他被狗咬了，伤得很严重，此时距离他被咬才两天，治疗成功的机会比较大。如果不采取任何措施，这个男孩肯定会痛苦地死去。巴斯德很痛心，但他的疫苗还没有在人身上治疗成功过，给这个男孩注射疫苗

**WHEN?**

1822 出生于法国汝拉省的多勒。

1847 获得科学博士学位。

1857 发表关于乳酸发酵的论文，此论文成为微生物学界公认的经典论文。

势必要承担巨大的风险。

犹豫再三后，他还是没有办法眼睁睁看着一个9岁男孩死在自己面前。在征寻其他两位医生的意见后，巴斯德终于下定决心给小男孩接种。他拿出一个干燥的瓶子，里面保存着15天前死于狂犬病的兔子的脑髓。巴斯德小心地把注射器扎进迈斯特的皮肤，将半针筒兔子脑髓慢慢地推入他的身体……巴斯德屏住呼吸，完成了接种，身旁站着的两位博士都捏了把汗。

在接下来的10天里，巴斯德给小男孩接种了十几针不同毒性的疫苗。不到1个月，小男孩已经能在田野间玩耍了。3个月后，当巴斯德再次给迈斯特检查身体时，惊喜地发现他已经没事了。巴斯德成为世界上第一个从狂犬病中挽救生命的人！

伟大的科学天才巴斯德，完美解决了一个又一个实际难题，用科学理论浇筑了一道微生物防护墙。如果说有什么秘诀，他一定会回答你：机遇只偏爱有准备的头脑。

| 1865 | 1880 | 1881 | 1885 | 1895 |
|---|---|---|---|---|
| 开始研究蚕病，用6年时间完全解决蚕的问题，了解了流行病的原因。 | 研制鸡霍乱疫苗，开始研究狂犬病疫苗。 | 研制出炭疽疫苗。 | 第一次给人接种狂犬病疫苗，并取得成功。 | 去世，政府为他举行了国葬。 |

# 12

# 为虫子写史诗的大神

## 法布尔

·1823 年—1915 年·

（法国）

法布尔是法国著名的昆虫学家、动物行为学家、作家。他痴迷虫子，小时候，为了捕捉一只小虫子，常常喘着粗气跟着虫子奔跑。《昆虫记》是他一个人一生专为“虫子”写出的10卷大部头的书。因为喜爱他的作品，有人曾评价他“这个大学者像哲学家一般地去思考，像艺术家一般地去观察，像诗人一般地去感受和表达”。

你有没有想过类似的问题：

“鱼儿睡不睡觉？”

“鸟儿长不长牙齿？”

“蝴蝶为什么这样漂亮？”

…………

这些问题在一本叫《昆虫记》的书中都能找到答案。

《昆虫记》的作者是法国杰出的昆虫学家、作家、博物学家法布尔。他一生专门为“虫子”写出10卷大部头的书，如今《昆虫记》成为超级经典读物。

## 小村庄里的昆虫迷

1823年，法布尔出生在法国南部山区的一个小村庄里。村前小溪流水，村外山野树林，环境十分优美。假期里，每天都有20多只小鸭子蹒跚地从法布尔家的院子里走出来，年幼的法布尔也同样蹒跚地跟在小鸭子后面。因为家里穷买不起鞋，法布尔一直光着脚丫走路，所以被碎石扎得一拐一拐的，和那些小鸭子走路的姿势差不多。

法布尔7岁那年，家里送他到邻村的小学读书。这是一所设备非常简陋的学校，全校只有一间茅草屋，一名教师。这位老师是一位动物爱好者，饲养了猪、鸡、羊、鸽子、黄莺、蜜蜂，还有一只招人喜爱的

法布尔被世人称为“昆虫界的荷马”“科学界诗人”。

我们所谓的丑美脏净，在**大自然**那里是没有意义的。

小刺猬。

法布尔在这儿除了学功课，还学到了不少小动物方面的知识。

有一回，他在大路边发现一群蚂蚁在搬运一只死苍蝇。蚂蚁们像在紧张地从事一项巨大工程，有的传递信息，有的调兵遣将，有的埋头苦干……多繁忙的劳动场面啊！法布尔被吸引住了，他趴在路边，掏出放大镜，一动不动地观察蚂蚁们的行动。

早上，下地劳动的人们从他身边走过，看见他趴在那儿；晚上，他们干完活回家时，看见他还趴在那儿。他们无法理解小法布尔的做法，都说："这孩子大概'中了邪'！"法布尔还有更多"中邪"的举动呢！他为了捕捉一只小虫子，常常喘着粗气跟着虫子奔跑。有时，为了不损伤虫子的腿或翅膀，他宁愿自己摔一跤。对于他来说，观察昆虫是一种极大的乐趣。

## 虫子们的惊天秘密

年幼的法布尔沉浸在昆虫的世界里，可是随着父亲的经商失败，他不得不终止了学业。但贫穷并未阻止他的求知之路，他开始在业余时间自学，最终取得了数学学士学位、自然科学学士学位和自然科学博士学

位。期间他发表了数篇论文，对昆虫学的发展有着重要的作用。其中关于茜草的研究，更是为漂染业做出了不小的贡献。

法布尔的生活一直很贫困，经常吃不饱穿不暖，但这些并未使法布尔停下研究昆虫的脚步。1879年，法布尔已经56岁，他终于得到一笔不菲的稿费。他用这笔钱买下一块儿只长刺儿菜的荒地。然后，默默地在这里做昆虫研究，发现了很多虫子的惊天秘密。

你还记得《黑猫警长》里，螳螂新娘杀害新郎的故事吗？除了螳螂，法布尔注意到蝎子也有这个习性。一次，法布尔在自家院子的地上铺了一层沙，又放了一堆花盆的碎片，还做了一个很大的玻璃罩，放了两只蝎子进去。灯光下，法布尔发现玻璃罩内，雌雄两只蝎子经过一段时间的“感情培养”之后，“结婚”了。

第二天早晨，法布尔揭开玻璃罩一看，呀，出大事啦！蝎子新娘平安无事，可她那瘦小的丈夫却被杀害啦，身体也被吃得只剩下了一半。法布尔经过调查，发现凶手竟然是蝎子新娘。当夜幕再次降临的时候，蝎子新娘给自己的丈夫举行了一个体面的“葬礼”，那就是把它吃得干干净净。

原来，蝎子新娘为了能够得到更多的营养，保证肚子里的小宝宝顺利发育生长，就把自己的新郎吃掉，这是它们延续后代的一种方式，也是它们的一种本能。

像这样的秘密，法布尔发现得可多了。他对昆虫的描述，既好懂又有趣，他的著作《昆虫记》成了很多小朋友最喜欢读的自然百科类图书。

## “昆虫界的荷马”

在他的笔下，松树金龟子是“暑天暮色中的点缀，是镶在夏至天幕上的漂亮首饰”；萤火虫是“从明亮的圆月上游离出来的光点”；他描述步甲“打仗这一职业不利于发展技巧和才能……它除了杀戮外，没有其他特长”； 犀粪蜣在他眼里是“忘我劳动……坚持在地下劳作，为了家庭的未来而鞠躬尽瘁”。

这么多好玩的比喻，轻松又幽默，难怪大家都喜欢呢。

法布尔的很多发现都非常了不起，法国文学界多次向诺贝尔文学奖评委推荐法布尔，但是法布尔一直没有被评上，很多人都为他抱不平。法布尔却说：“我工作是因为其中有乐趣，而不是为了追求荣誉。你们因为我被公众遗忘而愤愤不平。其实，我并不很在乎。”

《昆虫记》最后一卷——第10卷问世时，法布尔已经87岁了，但他仍然亲自修改《昆虫记》的稿子，丝毫不放过一个漏洞和一个错别字，一定要亲眼看着《昆虫记》出版。

法布尔于92岁那年去世。法国人亲切地称他为“昆虫界的荷马”。荷马是西方文学的始祖，对昆虫界来说，法布尔也是这样的始祖。

# 法布尔是个怎样的人？

## 学术上

具有强烈的好奇心和敏锐的观察力

作品生动有趣，充满诗情画意

被达尔文称为“无可追摹的观察者”

被维克多·雨果称为“昆虫界的荷马”

## 生活中

因家庭收入拮据被迫辍学

不放弃追求知识，坚持自学

腼腆谦逊，获得很多荣誉仍朴实如初

因教学理念先进，招致保守派人士的批评，不幸被辞退

## WHEN?

1823 出生于法国。

1855 获得巴黎科学院的博士学位。

1879 《昆虫记》第1卷出版。

1915 以92岁的高龄在荒石园辞世。

13

# 手术台上的革命

## 李斯特

·1827 年—1912 年·

（英国）

约瑟夫·李斯特是外科手术消毒技术的发明者和推广者，被誉为“外科消毒之父”，他削弱了手术室的恐怖气氛。在李斯特的年代，医学界普遍缺乏消毒意识。李斯特用石炭酸做消毒剂，术前严格洗手，穿干净的白大褂，高温处理手术器械，给病人的伤口消毒，降低了术后感染的发病率，使外科手术成为一种有效、安全的治疗手段。

## 手术死亡之谜

在19世纪60年代，有一位叫辛普森的外科医生曾说：“躺在外科医院手术台上的病人，比在滑铁卢战场上拼杀的英国士兵更容易死亡。”以当时的外科技术，病患只要不得已上了手术台，那他和家人就要做好迎接死神的准备，因为手术的死亡率非常高。

在那个年代，如果你走进一间手术室，会发现手术室非常简陋，且弥漫着一股腐烂恶心的臭味；医生穿着满是血污的手术衣，拿着藏污纳垢的手术器械；患者的伤口暴露在空气中，手术完成后被草草包扎起来。没有消毒液，没有橡胶手套，更没有干净的白大褂——因为手术衣上血污越多，表明这位医生手术经验越丰富，看起来越让人安心。

一个阳光明媚的早晨，一位叫李斯特的青年医生正在查房。身后的外科护理员快速走到病床前，解开患者的绷带检查伤口，泛白的腐肉暴露出来。李斯特看了一会儿，想起刚毕业时他也做过一段时间护理员，每每看到这样的伤口，都会觉得浑身不舒服——不同程度的腐烂、溢出的脓液和其他身体分泌物；有些术后伤口会越来越糟糕，没几天人就不行了。眼前的这个新手正在小心地清洁伤

用来喷射石炭酸的工具

口，重新涂上敷料，包扎。

阳光从窗户斜射进来，映照在床上。李斯特看到面前的这道阳光里，有无数的灰尘在飞舞。而这道阳光旁边，什么都看不到。他站到窗户边，把手举到阳光最充足的地方，果然，手周围弥漫着灰尘。等等！是不是灰尘里有什么东西进入伤口，让伤口腐烂化脓了？李斯特的呼吸急促起来，他感觉自己有可能找到了原因！

## 看不见的“脏”东西

李斯特找来助手、护理员，几个人把病房、手术室里里外外打扫了一遍，换下脏得发臭的手术衣，仔细清洗了手术器械。李斯特又看了看自己的手，招呼身旁的几个人一起去把手洗了一遍又一遍。回到病房，李斯特和护理员一起把病患的伤口重新清理干净，换上新的绷带包扎。

瞧了瞧整洁的病房，李斯特还是一脸严肃，最关键的问题还没有解决：怎样在伤口和周围环境之间制造一道屏障呢？绷带显然是不够的，伤口还是会继续腐烂。他回想起过去治疗骨折的经历，没有开放性伤口的骨折总能很快好起来，

WHEN?

1827 出生于英国埃塞克斯郡。

1860 担任格拉斯哥大学外科教授。

1865 8月12日，第一次消毒手术取得成功。

1867 在《柳叶刀》上发表论文公布了他关于石炭酸消毒治疗的研究成果。

1877 被聘为伦敦国王学院外科学教授。

1912 2月10日，在英国伦敦去世。

而一旦有了开放性伤口，几乎都逃不掉感染、腐烂甚至死亡的命运。李斯特心下一阵悲痛，下定决心一定要找到隔绝伤口和外界环境的方法！

1864年的一个下午，李斯特和一位同事边走边聊。他高兴地分享道：“我试验过一段时间，手术前洗手、注意手术卫生，能让伤口恶化的情况减少。外界环境中一定有些什么看不见的脏东西造成了伤口的腐烂。”同事听后，灵光一闪，提醒李斯特说：“你看过巴斯德的论文吗？他说腐烂和发酵是微生物在起作用。”李斯特连忙找来巴斯德的论文，读完后有了大胆的猜想：巴斯德提出了3种消除微生物的方法，那这些方法是否可以用于人体组织的治疗呢？

在美国麦克·哈特博士所著的《影响人类历史进程的100名人排行榜》一书中，李斯特因对外科手术的贡献被选入榜单。

## 灭菌消毒的手术

经过尝试和实验，李斯特决定用化学物质开发伤口消毒技术。他锁定了一种化学试剂：石炭酸。这是污水处理厂用来清理下水道的，李斯特通过实验发现石炭酸中含有一种有效的灭菌成分。它也许能阻止细菌进入伤口，成为隔绝伤口和外界微生物的那道屏障。

1865年8月12日，一个11岁的男孩被抬到李斯特的面前，男孩的母亲望着李斯特，眼泪止不住地往下流："医生，求求你，一定要救救我的孩子……"李斯特吩咐助手清洁血污，自己转身仔细洗了洗手。检查后，李斯特皱起了眉头，这是复合骨折，断掉的骨头穿透皮肉，造成了开放性伤口，必须要进行手术。

手术死亡率这么高，李斯特也没有把握能把这个男孩救过来。他看了眼流泪的男孩母亲，实在不忍心，犹豫了片刻，快速走出病房。再回来时，李斯特手中拿了一小瓶液体，是他制作的石炭酸。手术进行得很顺利，快结束时，李斯特小心翼翼地将一块浸在石炭酸溶液中的棉绒涂在男孩的伤口上，然后用干净的绷带包扎伤口，嘱咐护理员每天清理伤口的时候都这样处理。

接下来的每一天，李斯特都悬着一颗心，一天要去病房查看好几次。万幸的是，男孩的身体状况一天天好转，伤口并没有出现腐烂化脓的现象。

6个星期后男孩的骨头重新长在一起，没有化脓，李斯特终于松了口气，看来石炭酸真的起作用了！

## 从治疗走向预防

1865年—1867年，李斯特治疗了11例复合骨折，其中9例愈合康复没有发生感染。有一次，李斯特给一名男子切除手臂上的肿瘤，也在缝合的伤口上涂了石炭酸，术后恢复良好。李斯特发现，用石炭酸灭菌消毒能很好地预防感染，使手术死亡率下降到15%！

李斯特又尝试了用石炭酸对手术缝合材料、手术器械进行消毒。渐渐地，他的灭菌消毒剂有了更多选择，使用范围也扩大到手术的各个方

## 李斯特是个怎样的人？

**学术上**

- 成绩优异，获文学学士学位和医学学士学位
- 追求真理，坚决否定毫无依据的猜测
- 发明金属线修复膝盖骨的方法
- 外科消毒之父

**生活中**

- 医者仁心
- 消毒法曾遭批驳和攻击
- 妻子长期帮他进行研究
- 结过婚但无子女

面。他开始使用浸渍有各种消毒剂的吸收性纱布；他还发明了一种带有长手柄的消毒喷雾泵，用来净化手术室的空气；术前洗手开始使用消毒剂；干净整洁的白大褂也正式亮相了……

李斯特的外科消毒法引起了轰动。在越来越多的医生尝试李斯特的灭菌消毒技术后，手术死亡率明显下降。人们开始相信，换件衣服洗个手，消消毒通通风，是真的有用！

李斯特的名声越来越大，英国女王甚至请他去做私人医生。1897年，李斯特受封为男爵，在英国的医生中，他是第一人。人们不会忘记，在那个手术死亡率高达45%的19世纪，李斯特开创了外科的新时代！

ALFR·
NOBEL
NAT·
MDCCC
XXXIII
OB·
MDCCC
XCVI

14

# 超级炸药大王

## 诺贝尔

·1833 年—1896 年·

（瑞典）

如果真有上帝，那他一定对阿尔弗雷德·伯恩哈德·诺贝尔格外厚爱！这位著名的发明家和化学家，有着过人的创造力、语言天赋和文学天赋，他能熟练运用 6 种语言，还会写小说和诗歌。他发明了包括黄色炸药在内的多种威力强大的炸药，还试验了人造丝绸和皮革等。他总共在不同的国家注册了 350 多项专利。在遗嘱中，他提出利用自己的庞大财富创立诺贝尔奖。

春节不但可以放假、拿红包，有的地方还可以放鞭炮，你喜欢放鞭炮吗？你知道炮仗里边装的是什么吗？

诺贝尔最杰出的贡献就是发明了**安全炸药**。

当然是火药啦！火药可是中国四大发明之一，在很久很久以前就被发明出来了。这种火药又叫黑火药，是一种早期的炸药，爆炸威力并不大。后来，有个炸药大王叫诺贝尔，发明了129种威力更大也更安全的炸药——黄火药。

## 把炸药用到好地方

诺贝尔出生在瑞典的斯德哥尔摩，他的爸爸是一位工程师和发明家，在斯德哥尔摩修建过很多桥梁和建筑，并倾心于机器发明与制造。后来，他在圣彼得堡新开了工厂，给俄罗斯的军队提供机械装备。尤其值得一提的是，他设计了一种鱼雷，可以将火药装载到木桶里。受爸爸影响，诺贝尔从小就对炸药很感兴趣，经常跑到爸爸的工厂去玩。

有一次，诺贝尔看见爸爸正在研制炸药，他好奇地问：“爸爸，炸药能杀人，太可怕了，为什么要制造它呢？”“它还可以用来开山筑路，许多地方需要它啊！” 那时候，诺贝尔就明白很多发明都是有好的一面，也有坏的一面，主要看人们怎么使用它。当时，欧洲的路和运河都得靠人工一点点地挖掘。开凿一条8千米长的隧道，整整用了150年！高速发展的欧洲，迫切需要炸药。现在，炸药的应用也越来越广泛，是开矿、铺路、拆除建筑物必不可少的呢！

## “驯服”硝化甘油

诺贝尔到了8岁才上学，只读了一年半书，这是他所受过的唯一的正规学校教育。因为全家移居圣彼得堡，不懂俄语的诺贝尔无法进入当地学校上学，父亲为兄弟3人请了家庭教师。为了使他学到更多的东西，父亲让他出国进行学习旅行。他每到一处，就立即开始工作，深入了解各国工业发展的情况。由于他善于观察、认真学习，知识得以迅速积累，不仅精通多种语言，还学到很多实用技术，为以后成为发明家奠定了坚实的基础。

17岁时，诺贝尔来到巴黎，在著名的化学家珀卢兹的私人实验室工作。有一天，意大利化学家索

布雷洛上门拜访。他一进门就说："我给你们带来了一样好东西。"这位化学家神秘兮兮地拿出了一个装着黏稠液体的瓶子。"这是一种新发现的物质吗？"诺贝尔充满好奇。

索布雷洛不说话，在铁板上倒出少许液体，他拿起放在桌上的一把小锤子，迅速在液体上击打了一下，"啪"的一声，液体霎时发生了强烈的爆炸。站在一旁的诺贝尔惊呆了。索布雷洛说："我3年前发现了这个硝化甘油，跟黑火药比起来，它的爆炸力不知道要强多少倍呢！可惜，现在还没有人能够驯服它。"

硝化甘油竟然比火药还厉害！不过这种物质很不稳定，很容易爆炸，大家都不敢轻易使用。诺贝尔对硝化甘油产生了浓厚的兴趣！30岁

那年，他和父亲一起建立了一所实验室，专门研究硝化甘油。然而，不幸接踵而至，一年后，实验室发生了爆炸，他的几位助手被当场炸死，弟弟也未能幸免。诺贝尔的父亲因此遭受了沉重的打击，之后因中风卧床不起，没几年就去世了。

在这之后，周围的居民十分恐慌，强烈反对诺贝尔进行硝化甘油实验，政府也禁止重建这间实验室。悲痛之余诺贝尔并未放弃，他把设备转移到市郊湖中的一艘船上继续研究。尽管如此，其他船只上的人因为上次的爆炸事件而心惊胆战，也不许诺贝尔的“水上工厂”靠近，诺贝尔不得不经常改变停泊位置。

1867年，诺贝尔终于制成运输和使用都很安全的炸药。由于之前的爆炸事件，没有人敢购买他的炸药。诺贝尔决定扩大宣传，并亲自做示范表演。

## 安全的炸药

在英国的一座矿山，诺贝尔第一次试验了这种炸药：他把一箱安全炸药放在一堆木柴上，点燃木柴，没有爆炸；他再把一箱安全炸药从大约20米高的山崖上扔下去，结果也没有爆炸；而后，他在石洞、铁桶和钻孔中装入安全炸药，用雷管引爆，结果爆炸了。试验成功了！大家消除了顾虑，终于相信诺贝尔造出了安全的炸药。

除了炸药，诺贝尔还有很多其他发明。别忘了，他可是一位超级发明家呢！他一生获得的专利有355种，仅炸药这一项就有129种。他比较出名的发明还有气体计量仪、液体计量仪和改良型的液体压力计，他还研究过合成橡胶、人造丝，做过改进唱片、电话、电池、电灯零部件等方面的实验，还试图合成宝石。诺贝尔把他的毕生心血都献给了科学事业，他一生的大部分时间是在实验室中度过的。他还是一位超级大富豪，在20个国家开设了近100家工厂，积累了巨额财富。

虽然诺贝尔一生从事自然科学和发明创造，但他骨子里却是个文学青年，他写过很多诗歌、剧本和小说，所有这些几乎没有发表过。

1895年，诺贝尔起草遗嘱，将自己的大部分财产委托他人设立了后来成为最受推崇的国际奖项——诺贝尔奖。

WHEN?

1833 出生于斯德哥尔摩。

1850 出国学习旅行，在巴黎遇到硝化甘油发明者阿斯卡尼奥·索布雷洛，向他学习了3年半。

1863 获得“关于一种制造炸药方法”的发明专利权。

## 小知识 什么是诺贝尔奖？

诺贝尔改良的炸药引起军方的重视，大量的军火被运送到交战的国家。由于诺贝尔主张和平，极力反对战争，他对于自己改良的炸药被用在战争中制造破坏的做法始终感到痛心。在即将辞世之际，他立下了遗嘱："请将我的财产变作基金，每年用这个基金的利息作为奖金，奖励那些在前一年为人类做出卓越贡献的人。"根据这个遗嘱，从 1901 年开始诺贝尔奖创立。他在遗嘱中"把奖项分为 5 项"：物理学奖、生理学或医学奖、化学奖、文学奖、和平奖。1968 年，瑞典中央银行设立了"瑞典中央银行纪念诺贝尔经济科学奖"，通称"诺贝尔经济学奖"。如今，诺贝尔奖享誉世界，被认为是所颁奖领域内最有声望的奖项。

| 1867 | 1875 | 1887 | 1895 | 1896 |
| --- | --- | --- | --- | --- |
| 发明安全的黄色炸药。 | 利用胶状物质的火棉胶，发明出葛里炸药。 | 发明适合军用炮弹、手雷和其他弹药的混合无烟炸药。 | 11 月 27 日立下遗嘱，诺贝尔奖由此产生。 | 在意大利圣雷莫的别墅里因脑出血去世。 |

Karl Benz

15

# 开车兜兜风

## 卡尔·本茨

·1844 年—1929 年·

（德国）

卡尔·本茨是个优秀的机械工程师，汽车工业的先驱，奔驰汽车的创始人。1885年他设计并制造了世界上第一辆由内燃机驱动的汽车。后又制造了第一辆四轮汽车和第一辆赛车。本茨还有个好妻子，为了鼓励本茨造车，她不仅预支了自己的嫁妆，还勇敢地成为世界上第一个开车的人！

# 飞奔的“怪物”

你知道世界上第一辆汽车是谁发明的吗？你知道谁是世界上第一个开汽车的人吗？

在汽车被发明出来之前，欧洲大街上总是听到“嘚嘚嘚嘚”的马蹄声，马车是当时最常见的交通工具。可是有一天，在德国慕尼黑的街头，“嘚嘚嘚嘚”的马蹄声被堵在了远处的路口。人们徒步追着一个飞奔的“怪物”，气喘吁吁的。路过的人满脸惊奇地看着那个“怪物”，脚下也不自觉地朝“怪物”跟了过去。那天，一家报纸报道说：“在我们城市的大街上，路人很少见到比这更令人震惊的景象。”

那个“怪物”其实是一辆马车，准确地说，是一辆没有马在前头拉的“马车”。发明人是一个叫卡尔·本茨的工程师，他报名参加了1888年的慕尼黑博览会，在博览会上他发明的这个“无马马车”获得了金奖，因为它居然可以自己跑起来！这太不可思议了！他还提供了试驾机会，于是就有了慕尼黑街头的那一幕。

早在1885年，卡尔·本茨的“无马马车”就已经设计完成，成了世界上第一辆汽油动力汽车。卡尔·本茨在第二年为他的发明申请到了专利。但是，这个汽车卡尔·本茨只在院子里和周围道路上试驾过，刚开始有点儿难操作，还经常撞到墙上。而汽车的燃料——汽油，在当时是一种家用清洁剂，只在药店出售。实在想不到有什么理由能让人们相信，用汽油发动的汽车是一个实用的交通工具。

> 我坚信：创造的热情将永不熄灭。

而这个问题，在卡尔·本茨报名参加博览会之前有了突破性进展——卡尔·本茨的妻子——伯莎·本茨，驾驶着卡尔·本茨的汽车回了趟娘家，一下震惊了全市。

## 第一个开汽车的人

1888年8月5日，天还没大亮，伯莎悄悄叫醒了两个儿子，3个人偷偷上了一辆新改良的汽车。卡尔·本茨这时还在呼呼大睡，对妻子和儿子接下来的“汽车之旅”一无所知。

伯莎带着孩子从曼海姆出发，目的地是远在100多千米外的母亲家，一个叫普福尔茨海姆的城市。他们每经过一个村庄都会吸引来相当多的围观群众，人们只见一个飞奔的“怪物”驮着3个人在路上跑着，凑近一看，除了光溜溜的“马车”车身，前面什么都没有，还能闻到一股

难闻的气味。

他们行驶14千米后发现，汽车快没油了！不过不要紧，药店可以买到汽油。很快，他们在维斯洛赫的城镇药房门口停了车，药房老板热情地见证了加油的过程，心中大为惊奇，没想到汽油除了有清洁作用，还能让“马车”自己跑起来！这家药房一直到今天都还在呢，它自称是“世界上第一个加油站”，自豪极了。

在路上，他们遇到了几个小问题，都被聪明的伯莎解决了。汽车的发动机过热会影响正常运行，为了保证发动机足够凉爽，伯莎一遇到溪流就停下来取水，为发动机冷却。遇到陡坡，汽车上不去，伯莎就果断下车，和儿子们一起推车——后来卡尔在改进的时候听从伯莎的建议增加了一个适合爬坡的挡位。伯莎还用吊带袜做绝缘体处理了短路问题。在长长的下坡路和转弯的时候，汽车操作很困难，伯莎开动脑筋——她找到一个鞋匠，让他在刹车块上钉上皮革，于是第一个刹车片诞生了！

傍晚，伯莎和儿子们抵达了普福尔茨海姆，她给卡尔发了个电报，向他报告这个喜讯。卡尔惊呆了，他的妻子真是太勇敢了！这可是一次长途汽车之旅呀！她成功了！以每小时近13千米的速度，向人们证明了汽车的便捷！卡尔兴奋地报名参加了慕尼黑博览会，后来又将改良版汽车带去了1889年的巴黎世界博览会。扬名的时刻终于到来！

就这样，伯莎，这个卡尔·本茨背后机智勇敢的女人，成了世界上第一个驾驶汽车的人。而她的这趟普福尔茨海姆之旅所走的路线，被称为“伯莎·本茨纪念路线”。直到今天，德国还会在这条路线上举办古董汽车拉力赛，庆祝第一次长途汽车之旅。

## 那辆叫“本茨”的车

第一个开汽车的人不是汽车发明者本人，听起来有点儿可惜，但对卡尔·本茨来说，这是他梦想实现的伟大时刻！

卡尔·本茨从小就对机械工程十分感兴趣，还曾靠修手表挣过零用钱。15岁时，他被卡尔斯鲁厄大学录取，毕业后获得机械工程学位。在此期间，他赶上了新时髦：自行车。那时他生活中最快乐的时光就是骑车、修机械了。也正是在骑车的时候，他开始幻想：有没有可能制造一辆完全机械化的车，或者叫“无马马车”。这样，就能实现个人出行的自由了。

工作后，他致力于新发动机的开发，于1878年12月31日新年夜完成了他的二冲程发动机，并

WHEN?

1844 出生于德国卡尔斯鲁厄。

1886 申请汽车专利。这一年被认为是汽车的诞生之年。

1889 第三代“奔驰”亮相巴黎世界博览会。

1900 “奔驰”成为全球最大的汽车制造商。

1929 4月4日，在德国拉登堡病逝。

在1879年获得了专利权。后来，配合他的二冲程发动机，他又注册了一系列发明：速度调节系统、电火花点火、火花塞、化油器、离合器、换挡、水散热器。全配齐了！他的机械发明创新简直源源不断！

但卡尔的工作一直不怎么顺利。辗转几个公司后，大概是受到了兴趣的指引吧，他最终去了一家自行车修理店。1883年，卡尔和修理店的两位老板一起创立了一家新公司，开始生产工业机器。卡尔重新拾起当初的想法：造一辆“无马马车”。他在自己发明的发动机基础上设计新车。1885年，这辆“无马马车”完工了，它被命名为“本茨专利汽车”，后来有了一个专门翻译的中文名字：“奔驰”。

接下来的两年，卡尔·本茨花了很多精力改进他的第一辆“奔驰”车，力求完美。到1889年的巴黎世界博览会，卡尔·本茨带去的汽车已

## 卡尔·本茨是个怎样的人？

### 学术上

- 敢于创新，追求品质
- 汽车之父
- 善于经营自己的发明，既能开发生产先进的高档车，又能生产适销对路的普通车
- 机械技术过硬，触类旁通

### 生活中

- 喜欢骑自行车
- 有一位机智勇敢的妻子一直支持他
- 喜欢修表，曾靠修表挣零用钱
- 发明汽车之前生活清苦，创业期间曾负债累累

经是第三代奔驰了。这次，卡尔的“奔驰”走向了国际。卡尔要生产出规模更大、价格更低的汽车，让汽车真正给人们带来“自由”！

1900年，“奔驰”成为全球最大的汽车制造商。今天，人们的生活已经离不开汽车，“奔驰”凭借着它的创新和品质，依旧是汽车行业中的翘楚，一个130多年前的创业奇迹延续到了今天！

16

# 现形吧，X光

## 伦琴

·1845 年—1923 年·

（德国）

威廉·康拉德·伦琴，德国物理学家，是史上第一个用X射线“变魔术”的人。1895年，伦琴在进行阴极射线的实验时，观察到一种尚未为人所知的新射线，有人提议将他发现的新射线定名为“伦琴射线”，伦琴却坚持用“X射线”这一名称。这一发现开创了医学影像技术的先河，无数病人因为他的物理研究而得救。1901年，伦琴获得首届诺贝尔物理学奖。

# 伦琴一定是“疯了”

1895年12月22日，德国维尔茨堡大学物理学教授伦琴，神秘兮兮地邀请他的妻子配合他玩一个“魔术”。此前他已经“消失”好多天了，学校看不见他，助手发现他实验室的门反锁了，妻子也一连几天都没见到他。回想起伦琴开始“不正常”的时间，已经是一个多月前了，最近他很晚才回家，吃饭的时候默不作声，然后突然又跑回实验室。等再回来，就见他把床都搬去了实验室。

妻子感觉很奇怪，丈夫虽然平时不算活泼多话，但也不至于像做了贼、藏了宝贝似的。她逮着伦琴就问他在做什么，伦琴支支吾吾没答话。追问之下，伦琴终于不安地说道：“如果人们知道我在做什么，他们一定会说‘伦琴肯定是疯了’。”妻子沉默了，她担忧地看着伦琴，

> 他将这种**新射线**叫作“X射线”，因为它是“未知的”，俗称“X光”。

心想：事情这么严重吗？一个人埋头干多煎熬呀！

这天，妻子不放心地来到伦琴的实验室。这是间简陋的屋子，很难想象丈夫把自己关在里头能干出什么惊世骇俗的事情。“咚咚咚……”伦琴没有搭理。妻子喊了几声，这才听到开门的动静。伦琴打开门，还没等妻子开口，就拉着她进了实验室，一边关门一边说道：“你来得正好！亲爱的，请允许我为你拍摄一张照片，你将会此生难忘！”

妻子将信将疑地点点头，看见伦琴有点儿兴奋地拿起包着黑纸的照片底片。伦琴郑重又迅速地把妻子的左手放在底片上，说：“把手放在这上面，不要动，我要拍你的手。”接着，他就对着这只手照射……15分钟后，伦琴说了句：“好了。”

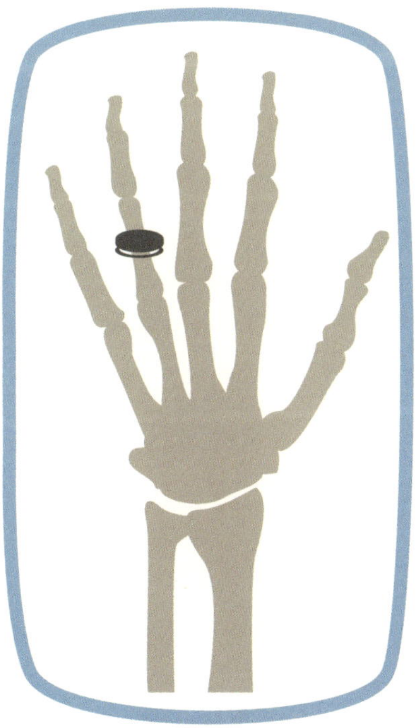

经过冲洗，底片很快就显影了。妻子一看到底片上的影像，立马惊呼起来！是骨头！“天哪……我看到了自己的死亡！”妻子有点儿惊吓过度了。底片上，是她的手，无名指上戴着一枚戒指，令人惊骇的是，这只手的骨头清晰可见，没有血肉，仿佛是光穿透了肉体，在底片上投下了骨头的影子。

## 发现X射线

相比于妻子的反应，伦琴可就从容多了。他已经不是第一次见到这种骇人的景象了。上个月8日晚上，他像往常一样，正享受着一个人做实验的安静，突然，一件不寻常的事情发生了。他正在做阴极射线的实验，当他在真空玻璃管两端的电极处接入高压电时，2米外的涂层纸板屏幕上闪现了一道亮光。伦琴以为自己眼花了，于是又按了几次开关。黑暗中，幽幽的绿光十分明显，伴随着开关的节奏转瞬即逝。

这不是阴极射线引起的，因为2米多的距离太远了。他把一块木头伸向屏幕和玻璃管之间，“光”透过去了；换成纸质笔记本，“光”依旧透过去了；最后，换上一本大概1000页的书，“光”还是透过去了。伦琴猜测这是一种新的不可见的射线。他伸手去拿纸板屏幕，突然，他看见自己的手骨出现在了屏幕上！伦琴惊得背上一凉，这种射线居然连人体都能穿透！

伦琴立即设计实验，躲在实验室里观察这种射线的“家世样貌”“生活习性”。在接下来的一个多月里，伦琴不断提问猜测，再用实验去证实。不错，这种射线确实不是阴极射线，它不受磁场影响；它有强大的穿透力，可以产生荧光，还能在照片底片上感光成像。

天哪……我看到了自己的死亡！

兴奋的伦琴一面疑惑“为什么

其他研究阴极射线的人没有发现它呢”，一面想着该怎么将这一发现公之于众。他不时还会陷入深深的焦虑：这一切会不会都是幻觉？就在这时，妻子来实验室了，拍摄了一张手骨照片，成了第一个被分享实验成果的人。当即，伦琴就有了发表成果的打算。

## 风靡全球的X光

很快，伦琴完成了他的论文——《一种新的射线 · 初步报告》。1895年12月28日，他向维尔茨堡物理学医学学会递交了这篇论文。在论文中，他将这种新射线叫作“X射线”，因为它是“未知的”，俗称“X光”。

1896年1月4日，柏林物理学会成立50周年纪念展览会上展出了X射线照片。1月5日论文的副本《一种新的射线·续篇》在《维也纳日报》星期版的头版头条做了详细报道。

1896年1月23日，一向低调的伦琴在自己的研究所举行了他一生唯一一次公开报告会。报告会上，伦琴请求用X射线拍摄维尔茨堡大学著名解剖学家克里克尔的一只手，克里克尔欣然同意。片刻过后，当拍好的干板经过显影，出现一位80岁老人形状优美的手骨时，全场掌声雷动，爆发出欢呼声，克里克尔立即建议把这种射线命名为“伦琴射线”。面对大家的赞扬，伦琴说：“假如没有前人的卓越研究，我发现X射线是很难实现的。”

伦琴说：“假如没有前人的**卓越**研究，我发现X射线是很难实现的。”

妙就妙在X射线能在照片底片上成像，伦琴的论文搭配了一系列影像，尤其是他妻子那张戴着戒指的手骨照片，让人不得不相信确有其事。而且，伦琴发现X射线时用到的实验设备，当时几乎每个物理实验室都有，学者们毫不费力就能依葫芦画瓢，证实X射线的存在。

这一发现立即引起了强烈的反响，轰动了当时国际学术界。伦琴的论文在3个月之内就印刷5次，还被译成英、法、意、俄等国文字。据统计，1896年世界各国发表的有关论文就有1000多篇，有关的小册子达50种。

世界为它疯狂了！大家都在赶时髦，制作X射线的设备很快就被广泛使用：市场上出现了“骨骼肖像”拍摄服务；流行期刊上出现了关于X射线的诗歌；侦探们打着伦琴设备的旗号到处宣传跟踪业务；为了防备X射线“透视眼”，商人们还造出了铅质内衣；在政治漫画、短篇小说、广告中，“X射线”成为频繁出现的热词……

医学界很快认识到X射线的重要性，X射线开始被应用到医学诊断甚至疾病治疗中，这是物理学的新发现在医学中最迅速的应用。医生们应用X射线准确显示人体的骨骼，以此来诊断骨骼的病理异常、发现遗留在体内的针或弹头，挽救了很多病人的生命。不过后来发现，经常接触X射线对身体是有害的，所以之后就采取了一定的保护措施。

# 科学属于每个人

人人都用X光，伦琴能赚到钱吗？不能，又能。

不能，是因为伦琴从来没有为他发现的X射线申请过专利。他认为发现和发明属于全人类。正是因为这样，X射线的应用得到了迅速发展和普及。后来的科学家对以X射线为主的影像技术进行了研究和改进，发明了CT扫描仪，它可以更好地分辨人体内部结构图像，大幅提高疾病诊断的准确性。直到今天，X射线依然广泛运用于我们的生活之中，如拍摄透视图、攻击恶性肿瘤，乃至在地铁站进行安全检查。

能，是因为他由此得到一系列奖项，特别是诺贝尔奖。1901年，诺贝尔奖第一次颁发，伦琴凭借发现X射线的突出成就成为第一位诺贝尔物理学奖得主。他将诺贝尔奖的奖金转赠给维尔茨堡大学，以支持科学研究。他还谢绝了因这一发现带来的贵族封号，始终以一个普通研究者的身份进行教学和科研工作，谦虚谨慎，从不居功自傲。伦琴一生共发表了60篇论文，而与X射线有关的仅有3篇。

1900年，伦琴来到慕尼黑大学任物理学教授和物理研究所主任。在这里，他大力促成“理论物理研究所”的成立，与“实验物理研究所”一道切磋、合作，为后来科学的蓬勃发展提供了一片沃土。

这样的科学领头人，在获得诺贝尔奖后，当被问到“发现X射线的那一刻，你想到了什么”时，他淡定地回答道：“我没有去想，而是调查了一下。”冷静淡泊的行动派，到哪里都忘不了求真务实呀！

WHEN?

1845

出生于德国莱茵州莱耐普城。

1865

进入瑞士苏黎世联邦理工学院学机械工程。

1888

在维尔茨堡大学任物理学系主任。

1895

在进行阴极射线的研究中意外发现一种未知的射线——X 射线，并拍摄了人类历史上第一张人体 X 射线骨骼照片。12 月 28 日，向维尔茨堡物理学医学学会递交相关论文《一种新的射线·初步报告》。

1896

伦琴进行第一次也是唯一一次关于 X 射线的公开演示。同年，X 射线逐渐应用于临床医学。

1901

获得有史以来第一个诺贝尔物理学奖。

1923

2 月 10 日，在慕尼黑因癌症逝世。

17

# 从爱提问的孩子到发明大王

## 爱迪生

·1847 年—1931 年·

（美国）

托马斯·阿尔瓦·爱迪生是个名副其实的“发明狂人”，在美国，爱迪生名下拥有1093项专利，而他在英国、法国、德国等地的专利数累计超过1500项。他持有专利的发明中最有名的包括白炽灯、电表、活动电影放映机、直流电力系统、有声电影等。此外，他还创建了世界上第一个工业研究实验室，是最早组织众多研究人员合作、依靠团队进行发明创造的发明家之一。

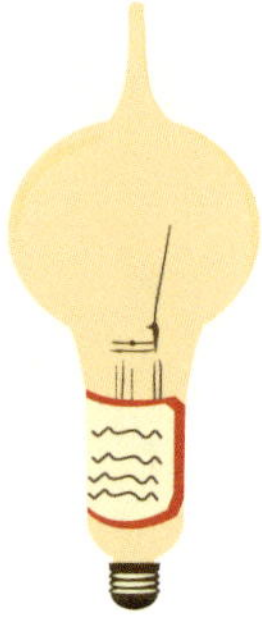

你能想象没有电灯的夜晚是什么样子吗？

一切都黑漆漆的，没有全家人晚餐后的看电视时间，也不能在睡前阅读……

现在，人们可受不了这种没有电灯照明的生活。可是，你能想到吗？电灯出现在人类生活中，只有100多年的时间。

这个让我们用上电灯的人，只在学校待过3个月，不过他一生却一共申请成功了1093项美国专利，在英国、法国、德国等地的专利数则有1500多项，白炽灯、电表、活动电影放映机、有声电影都是他发明的。

他就是被誉为“世界发明大王”的托马斯·阿尔瓦·爱迪生。

## 学业不顺的童年

小时候的爱迪生不爱听课，特别好动，还喜欢摆弄、制作各种小玩意儿。因为刨根问底的天性，他上课时总是问老师一些奇怪的问题，被老师认为是顽皮捣蛋的学生。

后来，老师将爱迪生的妈妈找来，当面数落他：“这孩子一点儿也不用功，成绩差得一塌糊涂，还总是爱问一些不着边际的问题。他实在太笨了，经常影响课堂纪律，还影响其他学生上课。”爱迪生的妈妈南希也是一位老师，富有教育经验，她认为老师不理解儿子。问题多是因为孩子爱思考，好奇心强，求知欲旺盛。她相信自己的儿子智力没有问题，而且比别的孩子还要聪明很多。

> 如果你年轻时没有学会思考，那就永远学不会思考。

回到家后，妈妈下定决心不让爱迪生去学校了，她要在家里自己教小爱迪生。妈妈很有耐心，对于爱迪生提出的各种稀奇古怪的问题，她都尽力去解答。她发现爱迪生其实很聪明，记忆力很好，只是不适合学校的学习方法。

她知道阅读的重要性，就让爱迪生多读书。10岁时，爱迪生就已在妈妈的指导下阅读了英国剧作家威廉·莎士比亚的著作、历史学家爱德华·吉本的《罗马帝国衰亡史》、哲学家大卫·休谟的《英国史》等，这些书中洋溢的真知灼见，影响了他一生。

她还劝丈夫把家里的小阁楼改造成儿子的小小实验室。就这样，在这个不怕被问“为什么”的母亲的教育下，爱迪生充满创造性的智慧得到了充分的发展。对于自己的成功，爱迪生曾无限感慨地说:“没有我的母亲也就不会有我的任何发明。”

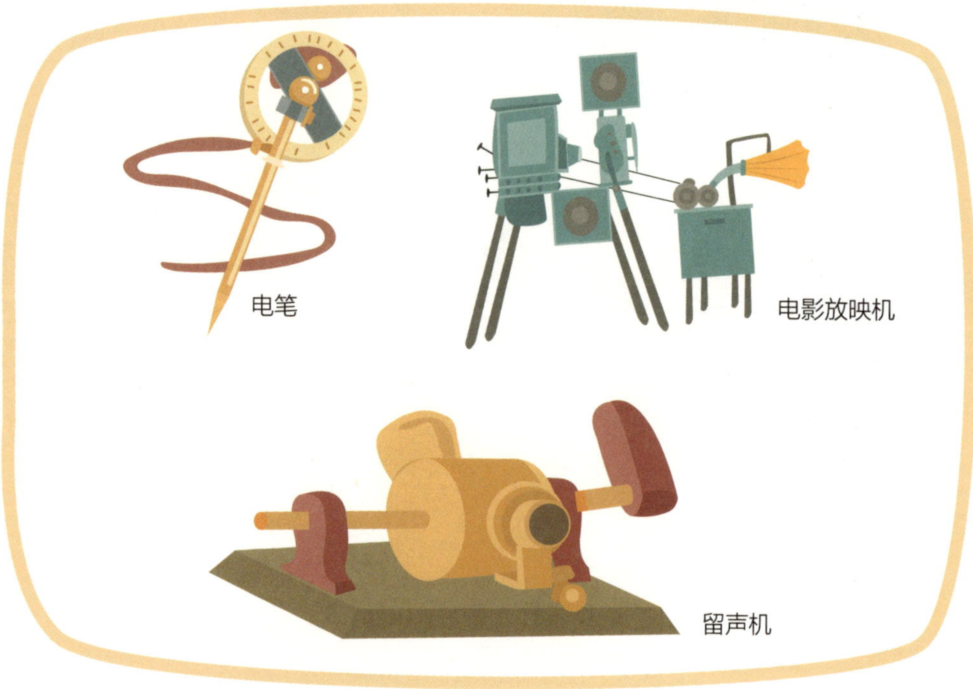


## 成为发明家

1876年，爱迪生在新泽西州的门罗帕克建了一个实验室，他一生中很多重要的发明都是在这里实现的。他在这里开始做电灯泡实验，技术的关键在于找到一种可以在高温下发光却又不那么容易被烧断的灯丝。他花了13个月的时间，试验了几千次，才取得进展。

其实电灯不是爱迪生发明的，早在他之前就已经有人发明出了电灯，只是当时的电灯有很多缺陷，并不能用在日常的照明中。爱迪生下决心要发明一种体积小、亮度大、寿命长、可任意开关的电灯。

> 失败也是我需要的，它与成功对我一样有价值。

据说有一次，有个人到实验室参观，取笑他说：“爱迪生先生，您已经失败1200次了。”爱迪生反驳道：“我的成就是发现了1200种不适合做灯丝的材料！”

被他用来试验做灯丝的材料可多了，棉线、藤条，甚至人的胡须和头发，都被拿来试验过。在试验了6000多种植物纤维材料后，他最终找到一种非常好的日本竹子，经过处理后制成的竹灯丝非常耐用，可以让灯泡寿命达到1200小时。这个惊人的进步，终于让白炽灯可以进入千家万户了。

当爱迪生的新成果出来后，全国各地的人都跑来看热闹，火车站不得不临时给火车增加了很多车厢。一路上夜色漆黑，还飘着雪。但火车缓慢驶进车站时，乘客们被眼前的景象惊呆了，沿路有40盏发光的白炽灯泡，大街被照得像白天一样亮。

## 出色的商人

爱迪生被大家称为发明家和魔术师。不仅如此，他还是个很能干的商人。

从小，他就展现出非常卓越的商业天分。12岁那年，为了买化学用品和实验设备，爱迪

WHEN?

- 1847 出生于美国俄亥俄州。
- 1868 获得人生的第一个专利：电子投票计数器。
- 1877 发明留声机，轰动了全世界。
- 1880 造出的碳化竹丝灯泡曾成功在实验室维持1200小时。
- 1888—1891 发明活动式电影放映机。
- 1931 在美国新泽西州西奥兰治去世。

生主动向妈妈要求去火车上做报童。他每天早出晚归，至少工作15小时。中途火车停留的5小时，他就在图书馆里度过，一边看书，一边做笔记。爱迪生好学、勤快，还非常有商业头脑。他在休伦港专门雇用了两个男孩，一个帮他卖报纸，一个帮他卖黄油、蔬菜和水果等。他发现底特律的蔬菜比较便宜，就经常在底特律进购蔬菜，再运到休伦港卖，利用差价赚了不少钱。

长大后的爱迪生做了大商人。他把自己的发明快速投入生产，成了

## 爱迪生是个怎样的人？

最早把电灯卖给普通百姓的人。19世纪末，爱迪生名下已经有好几家公司，他发明的留声机、有声电影都卖得很不错。

有人说，虽然爱迪生不发明历史，但他的发明却为历史锦上添花。他的发明在很多方面丰富和改变了我们的生活。正如他曾经被问及人生哲学时的回答："工作——发掘自然的奥秘，并将其应用于人类的幸福。"瞧，他真的做到了。

914
606

18

# 寻找魔术子弹的人

## 埃尔利希

·1854 年—1915 年·

**（德国）**

保罗·埃尔利希是一位爱看侦探小说的细菌学家和免疫学家。他的研究包括血液学、免疫学与化学疗法。他最重要的成就之一是在1909年找到了治疗梅毒的方法，并发明了革兰氏染色细菌的先导技术。他开发的组织染色方法使区分不同类型的血细胞成为可能，从而能够诊断出多种血液疾病。埃尔利希预测了自体免疫的存在，并称之为“恐怖的自体毒性”。

你见过自己给自己写信的人吗？

有个人，为了研制新药，夜以继日地做实验，都熬出熊猫眼了还不去休息。他怕自己忘记重要的事情，于是就通过给自己写信的方法提醒自己。

有一次，在他爸爸生日的前几天，他给自己写了一封信："亲爱的埃尔利希，7月8日是你父亲的生日，请你一定要记住给他送去一个大蛋糕，庆祝他的寿辰。祝你工作愉快！"

## 从小立志，研发新药

在埃尔利希生活的年代，很多欧洲人年纪轻轻就死了，死亡的主要原因是各种病菌肆意传播，尤其是梅毒（15世纪末至19世纪在欧洲广泛流行的一种危害严重的传染性疾病，传播迅速，死亡率高）。15世纪，法国国王查理八世带兵出征那不勒斯（现为意大利南部的第一大城市），途中军队就感染上了这种疾病，可想而知，士兵们是多么痛苦，但军医们又毫无办法，只能眼睁睁地看着同伴们死去。因为梅毒的肆虐，开战不久士兵们就死的死、病的病，战斗力锐减，国王不得不撤回军队，匆匆结束战争。

埃尔利希小时候，很多和他一起玩耍的小玩伴也是感染病菌去世的，因此，他立志成为一名医生："我一定要发明一种神奇的子弹，让它去杀死人体内的病菌，但又不至于伤害人体。"

埃尔利希在著名细菌学家科赫的研究所工作。当时，科赫已经研究出一种着色法，用这种方法能给不同的细菌染上不同的颜色，这样就能在显微镜下观察每个细菌的活动情况。有一次，科赫给细菌着色后，细菌死了，科赫深感遗憾，连声叹气："唉，又失败了。"

然而埃尔利希不这样认为，他仿佛从里面悟出了什么道理，向科赫提出："我想把药物加到染料里，让病菌在染色的同时被杀死。"

正是这样一个大胆的想法，使科赫感到震惊，也让他对埃尔利希刮目相看。

从那时起，埃尔利希对染料着了迷。他发现细菌能被某些染料杀死，"那是不是可以用染料治疗病菌或病原体呢？"

## 大胆猜想，小心求证

是不是感觉很异想天开？染料能杀死细菌吗？其实，很多科学家的发明都是先有了大胆的猜测，然后再小心求证得来的。有了这个大胆的想法，埃尔利希和他的助手开始利用小白鼠进行实验。

你有没有想过，为什么很多科学家都要用小白鼠做实验呢？

因为小白鼠繁殖力强，饲养方便，最重要的是，小白鼠和人类的基因相似度很高，而且一窝小白鼠有几乎完全一致的遗传基因，不大会影响实验结果。于是，埃尔利希和助手们一丝不苟地重复着实验，一种染料试过，再换另一种。埃尔利希先后试验了近500种染料，注射过1000多只小白鼠，遗憾的是，他们并没有找到一种合适的染料。

尽管屡遭失败，但埃尔利希毫不气馁。他在工作和生活中，随时把突然闯进脑子里的想法记下来，有时手边没有合适的笔记本或纸，他就记在一切伸手可以够到的东西上——地板、衬衣袖口，甚至助手的白大褂前襟上，都留有他写的各种化学公式。

> 将生命献给科学，而不是用来追求头衔。

直到他看到一篇文章。文中说：“在非洲流行着一种可怕的昏睡病，锥体虫进入人的血液后大量繁殖，人就会陷入无休止的睡眠中，最后在昏睡中死去。唯独用化学药品‘阿托西耳’可以杀死锥体虫，救活病人，但是后果也相当惨痛，病人会因视觉神经受到损害而双目失明。”

就是这样一篇文章，给了他很大的启发。然后他又大胆假设："能不能把这种'阿托西耳'的化学结构和成分改变一下，使它既能杀死锥体虫，又不影响人的健康呢？"

于是他又紧锣密鼓地进行实验，经常日夜奋战，有时一连好几个晚上只在椅子上用书本当枕头睡觉。这样的实验一做就是5年，直到他的助手们都开始怀疑他：

"这样做真的有用吗？"

"不要白费力气了吧？"

"我不会再和你一起进行这种无意义的工作了，我要退出。"

有的人甚至离开了，但埃尔利希没有灰心，他始终坚持自己的想法。终于，功夫不负有心人，他发现两种药物可能有用，它们的编号是"418"和"606"。这些编号代表他们测试的不同材料，也就是说，"418"是第418种药物，"606"是第606种药物。经过实验，这个代号为"606"的新药能使感染病菌的兔子康复。之后，他们又给人做了治疗试验，一周后，患者竟然痊愈了。

埃尔利希把这种药剂称作"606"，被人们誉为"梅毒的克星"。

在成功面前，埃尔利希没有停下研究的脚步。3年后，他又成功研制出一种比"606"更安全有效的治疗梅毒的新药，这种新药被称为"914"。

作为第一种抗菌类化学药物的发明者，埃尔利希开创了化学治疗先河，被公认为"化学疗法之父"。后来，他还获得了诺贝尔生理学或医学奖。

# 埃尔利希是个怎样的人？

## 学术上

坚持自己的理念，百折不挠

科学史上罕见的奇才，被称为“科学王子”

成功后不止步于前

化学疗法的奠基人

## 生活中

勤奋、幽默，有着孩子一般的性情

健忘，把要做的事写下来提醒自己

喜欢抽雪茄，花很多钱买书

对金钱的回报漠不关心

## WHEN?

1854　出生于德国西里西亚的一个犹太家庭。

1908　与俄国学者梅契尼科夫在免疫性研究上的工作共同获诺贝尔生理学或医学奖。

1909　与他的日本助手秦佐八郎发现治疗梅毒的砷凡纳明（第 606 号化合物）。

1915　心脏病发作去世。

铁路之父
八達嶺山洞

19

# 从骑毛驴到坐火车游天下

## 詹天佑

·1861 年—1919 年·

**（晚清民国时期）**

詹天佑是一位文化、艺术、体育全面发展的铁路工程师，被誉为“中国铁路之父”“中国近代工程之父”。他是首批中国留美幼童之一，在耶鲁大学获得了土木工程系学士学位。回国后，他主持兴建了首条由中国人自行设计兴建的铁路——由河北新城高碑店至易县梁各庄的新易铁路。后又主持修建了连接北京至张家口的京张铁路，这条铁路是中国近代工程史上的重要成就。

# 出国留洋的聪颖幼童

100多年前的一个夏天，一列横穿美国的火车，拉着长长的汽笛，穿过田野、森林、草原，飞驰而去……

这是刚开通3年的太平洋铁路！在这列火车上，有30位不同寻常的小旅客，他们穿着长袍马褂，戴着瓜皮小帽，脑袋后边还拖着一条长长的发辫。

那时候，世界上还没有电灯，没有汽车，这群小旅客从来没见过火车，更别提坐在里面了。他们对这个在两条细细的铁轨上飞快跑着的大家伙充满了好奇， 左摸摸，右看看，时不时还把头探出车外。

这些小旅客是当时清朝政府精挑细选的聪明儿童，也是中国历史上

第一批官派留学生。这群小留学生即将抵达美国康涅狄格州，开始长达9年的留学生涯。在这些孩子之中，有一位来自广东南海县的12岁少年，名叫詹天佑。他后来成为中国首位铁路总工程师，大家称他为“中国铁路之父”。

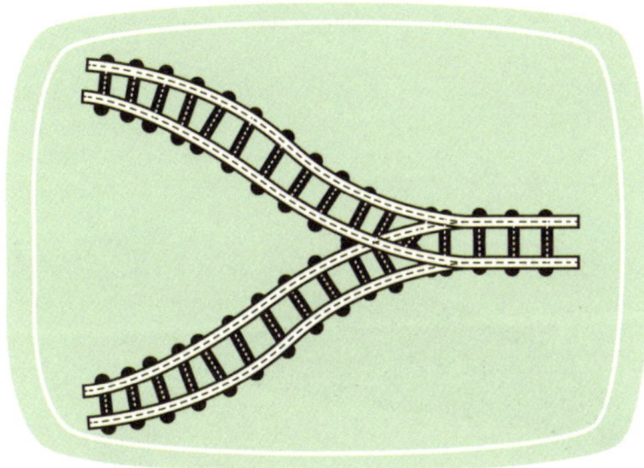

詹天佑幼年就读于私塾，主要学习四书五经，他很聪明，也很好学，所以，到11岁的时候，很容易就通过了清政府的留学招生考试。当然，还有一个原因，那时候“留学考试”的竞争并不像今天这样激烈，因为有钱的人家都不愿意送孩子去“蛮夷之地吃苦”，只有那些沿海城市经商的开明人家，才愿意将孩子送出去，觉得留学会有更好的出路。

> 詹天佑成为当年归国的105名留美学生中仅有的两位学士学位获得者之一。

詹天佑到了大洋彼岸，依然是一个学霸。高中毕业那年，他以全校第二名的成绩考上了耶鲁大学，专门学习铁路工程。

## 学成归国，报效国家

在詹天佑回国这一年，也就是1881年，中国有了第一条自建的铁路——唐胥铁路，总工程师是英国人金达。由于清政府中有很多人观念落

八達嶺山洞

后，导致这段不到10千米的铁路，从修建到投入使用，都经历了重重困难。

1890年，清政府决定修建关东铁路，当铁路修到滦河岸边时，项目的总工程师——英国人金达遇到了难题，在原本选定的地方给大桥打桩，怎么也不成功。于是，工程被转包给日本人，也失败了；又转包给德国人，还是失败。最后，金达想到了詹天佑。

> 镜以淬而日明，钢以炼而益坚，凡诸学术，进境无穷，驾轻就熟，乃有**发明**。

詹天佑先雇用了几个游泳特别好的人探测水底的情况，然后，做了一个大箱子矗立在河中，排出里边的水，工人们就在这个被排干了水的大箱子里一边挖出土石，一边灌注混凝土建筑地基。不多久，16个桥墩都建好了，詹天佑成功了！

## 中国人自行设计和建造的第一条干线铁路

这次成功让大家对他刮目相看。1902年至1903年，詹天佑担任总工程师，主持兴建了首条由中国人自行设计的铁路——由河北新城高碑店至易县梁各庄的新易铁路。接下来，他又主持修建了从北京到河北张家口的京张铁路。

詹天佑仔细勘测了从北京到张家口的路线，那时候没有汽车，他和助手们就骑着小毛驴四处奔波。山路崎岖难行，他们每天只能走几里路。这还不是最难的，最难的是京张铁路开工之后，要凿4条隧道！这在

> 生命有长短，命运有沉升……所幸我的生命，能化成匍匐在华夏大地上的一根**铁轨**，也算是我坎坷人生中的莫大幸事了。

当时不仅危险重重，而且对技术的精密程度要求也很高。

詹天佑很聪明，对于不同的山体状况，他总能想出合适的应对策略：有的从两边往中间开凿，有的选最窄的地方开凿，有的干脆绕过去……最艰难的八达岭隧道有1000多米长，两边往中间开凿的办法很容易打歪，詹天佑便想出了从山岭上往下打井，再从井底向两头开凿的方法，结果1000多米的隧道安全修通了！

京张铁路于1905年9月开工修建，1909年建成，用时4年，全长约200千米，是中国第一条完全由中国人自己出资、设计、建造并投入营运的铁路。詹天佑又完成了一项壮举。

**WHEN?**

- 1861：出生于广东南海县。
- 1872：包括詹天佑在内的首批清代官派留学幼童30人远赴美国。
- 1878：以优异成绩进入耶鲁大学，修读土木工程系铁路工程专业。

## 詹天佑是个怎样的人？

### 学术上

考入美国耶鲁大学，各科成绩都很优秀

自力更生，不怕困难，艰苦奋斗

心系教育，成立中华工程师会培养人才

中国铁路之父

### 生活中

热爱祖国，学习工程就是为了报效祖国

喜欢游泳、滑冰、钓鱼、打球

家庭和睦幸福

爱妻子和孩子

1902 主持修建新易铁路。

1905—1909 主持修建京张铁路。

1919 受命代表中国出席国际联合监管远东铁路会议。

1919 因病回汉口，去世。

20

# 给梦想插上翅膀

## 莱特兄弟

·威尔伯·莱特 1867 年—1912 年·

·奥维尔·莱特 1871 年—1948 年·

（美国）

莱特兄弟，指哥哥威尔伯·莱特和弟弟奥维尔·莱特，他们是美国航空的先驱。他俩小时候可不是让人省心的孩子，而是老师眼中调皮捣蛋的“淘气包”，但他俩一直对机械有着天生的爱好，从小就喜欢拆拆弄弄。1903 年12月17日，莱特兄弟驾驶自行研制的飞机——“飞行者 1 号”成功飞行，他们也被誉为现代飞机的发明者。

为什么人类插上翅膀，也不能飞上蓝天呢？

你有没有想过这个问题？

天空中飞翔的鸟儿，都拥有非常轻的骨骼，而且，它们的身形和体重比例非常适合飞行。但是，我们人类就不一样了。科学家们曾经计算过，以一个成年人的体重和身高，至少得有一辆汽车那么长的翅膀，以及一个小朋友身高那么厚的胸肌才能飞起来。

可是，在过去，人们可不知道这个道理，有很多人都设想或者尝试过插上翅膀飞行。比如：我国战国初期的墨子，曾用3年时间以木造鸢；文艺复兴时期的大画家达·芬奇也曾绘制过一架飞翼。在今天，我们想

要飞上天，只要坐上飞机就行了。你知道飞机是谁发明的吗？

## 大发明家曾经是小淘气包

世界上最早发明飞机的人是两兄弟，他们是哥哥威尔伯·莱特和弟弟奥维尔·莱特。大多数人想到他俩，脑海中浮现的都是成功的发明家形象。

> **莱特兄弟**后来曾回忆说，是这个玩具激发了他们对飞行的浓厚兴趣。

但是，他俩小时候，可是两个十足的淘气包。莱特兄弟的父亲经常因为工作需要出门旅行。1878年，旅行归来的父亲给两个年幼的孩子带回一个新奇的礼物：一个像是直升机的玩具。这个玩具根据法国航空先驱阿尔冯斯·潘瑙的发明设计而成，用纸、竹子以及软木制成，并附有一个橡皮圈用来驱动它的螺旋桨。

两兄弟兴高采烈地把玩这件新奇的玩意儿，甚至在玩具破碎之后，他们还试着自己仿制了一个。有一回，奥维尔在课堂上玩这个小玩具，被老师抓了个正着。结果，你猜他怎么说？他说，他打算将来造一种飞行器，可以载着他们飞上天……听到这话，老师都要笑掉大牙了。

不过，莱特兄弟后来曾回忆说，是这个玩具

激发了他们对飞行的浓厚兴趣。

## 长大成人，延续梦想

一个冬日，威尔伯外出跟朋友们溜冰，一根曲棍球棍意外挥到他脸上，打掉了他的门牙。虽然伤势没有大碍，但事故的打击却让他性情大变。原本活泼好动的他从此变得孤僻寡言，他没有按计划考耶鲁大学。在接下来的几年里，他照顾肺结核晚期的母亲，一有时间就躲进父亲的藏书室孜孜不倦地阅读。

1889年，还在上高中的奥维尔辍学开办了一家印刷厂，而威尔伯则加入了弟弟的公司。兄弟俩一起经商，他们开过印刷厂，还做过自行车修理的生意。1896年，德国滑翔机爱好者奥托·李林塔尔驾驶着自己喜欢的滑翔机从高空坠落身亡。这一消息激发起莱特兄弟深埋在心底的对飞行的兴趣。随着自行车生意的顺利发展，兄弟俩开始从事自己曾经梦想的事业——制造出能高高飞上蓝天的东西，他们开始尽可能多地阅读有关飞行的资料。不仅如此，他们还研究鸟类的飞行方式，并制作模型来模仿。

兄弟俩把一个旧的风扇绑在一个不到2米长的木箱上，制作了一个风洞。利用这个风洞，他们测试了几百种不同的翼形设计，看看哪种设计可以得到更大的上升力量。

莱特兄弟**载人飞行**的成功，奠定了宇宙航行的基础。

1900年—1903年，奥维尔和威尔伯自制了200多个不同的机翼，进行了上千次风洞实验，滑翔飞行过1000多次，终于测试出又大又有效的滑翔机。滑翔机就像一架飞机，只是它没有发动机，依靠风来推动。根据他们的研究结果，他们在设计中加入了一个可移动的机尾、两个螺旋桨和一个汽油发动机等设备。

## 准备起飞

1903年，威尔伯和奥维尔组装了他们的“飞行者1号”。这一年的12月14日，兄弟俩试飞这架飞行器，他们通过抛硬币的方式，决定谁当第一个飞行员。结果威尔伯赢了，他操纵着飞行器，奥维尔抓着机翼右侧末端的垂直杆以平衡机体，飞行器升到了空中。不过这次的飞行并不成功，只飞了3米，飞行器便失速坠地。兄弟俩并没有灰心，经过几天的检修之后，17日“飞行者1号”再次起航。因为之前威尔伯已经赢过一次，这一次就由奥维尔负责操纵飞行器，“飞行者1号”飞行了37米，在空中停留了12秒。在当天的测试中，最远的飞行纪录是260米，在空中停留59秒。

威尔伯和奥维尔欣喜若狂，他们的飞行器真的可以飞了！

莱特兄弟完成了不可能完成的任务。然而，他们自己对“飞行者1号”并不满意，在接下来的两年里先后制造了“飞行者2号”和“飞行者3号”。1905年10月5日，威尔伯在“飞行者3号”上创造了一项新的纪录，飞行了38.6千米，留空时间最长达38分钟。1906年，莱特兄弟在美国的飞行器专利申请得到批准。1908年，奥维尔在美国迈尔堡主干道上空飞行了55圈，创造了连续飞行1小时3分钟的世界飞行纪录。

1909年，莱特兄弟成立了美国莱特公司，为美国军方制造飞机，他们还帮助训练了第一批军事飞行员。

WHEN？

1867、1871：哥哥威尔伯·莱特和弟弟奥维尔·莱特先后出生于美国。

1900：莱特兄弟开始他们的载人滑翔机试验。

1903：“飞行者1号”成功起飞。

## 小知识　谁是中国的第一位飞机设计师?

中国的第一位飞机设计师、制造师和飞行家叫冯如。12 岁时他随亲戚赴美国旧金山谋生。看到美国发达的物质文明，他下定决心学习技术，用科技拯救中国，6 年后转往纽约攻读机器制造专业。他学习非常刻苦，经常为探讨一个问题研究到深夜，还要利用课余时间打工交学费。22 岁时他已通晓 36 种机器原理，设计制造的无线电收发报机深受用户欢迎。

1903 年，得知莱特兄弟发明了飞机后，冯如决心也要造出飞机来，用自己的一技之长报效祖国。经历了一次失败后，1909 年 9 月冯如再次驾机试飞，首飞竟达 2640 英尺（804.672 米），是莱特兄弟首飞纪录的 3 倍多。

1910 年 10 月，冯如驾驶着自己制造的新飞机参加国际飞行比赛，打破了 1909 年第一届国际飞行比赛冠军的世界纪录，一举成名。1911 年，冯如谢绝美方多家机构的聘任，带着助手及飞机回国。辛亥革命后，冯如被广东革命军政府委任为陆军飞机长。然而，不幸的是，1912 年，为了普及航空知识，冯如在广州燕塘进行飞行表演时失事牺牲，其遗体被安葬在黄花岗。国人尊其为“中国首创飞行大家”。

| 1904 | 1909 | 1912 | 1948 |
| --- | --- | --- | --- |
| 莱特兄弟建造了新的“飞行者 2 号”。 | 兄弟二人成立莱特公司。 | 威尔伯死于伤寒，年仅 45 岁。 | 奥维尔因心脏病发作去世，享年 76 岁。 |

# 21

# 在霉菌中发现救命药

## 弗莱明

·1881 年—1955 年·

（英国）

亚历山大 · 弗莱明是一个擅长“变废为宝”的生物学家、药学家。1921 年他在鼻腔黏液中发现了“溶菌酶”。1928 年他在霉菌中发现了青霉素，这一发现完全改变了人类与传染病之间生死搏斗的历史，人类的平均寿命也得以延长。1945 年，他与霍华德 · 弗洛里和厄恩斯特 · 鲍里斯 · 钱恩共同获得了诺贝尔生理学或医学奖。

## 是偶然，还是必然

亚历山大·弗莱明出生在苏格兰一个偏远的农村地区。他有7个兄弟姐妹，其中有几个是同父异母，而小弗莱明排行老七。

弗莱明家的孩子们大部分时间都在乡村的溪流、山谷和荒野中穿梭。这锻炼了弗莱明的观察能力，为他日后的细菌培养积累了初步基础。就像他说的那样：“我们在不知不觉中从大自然中学到了很多东西。”

父亲去世后，弗莱明的大哥继承了农场。弗莱明有个哥哥汤姆在伦敦学医，并在那里开了诊所。弗莱明13岁时也搬了过去，在摄政街的一所理工学校上学。完成学业后，弗莱明开始在一家船运公司工作，不过，他并不喜欢这份工作。弗莱明20岁时，他的一位舅舅去世了，留给弗莱明250英镑遗产，汤姆鼓励弗莱明把遗产用于医学深造。

弗莱明听从了哥哥的建议，成绩一直优异的他在入学资格考试中取得了所有考生中的最高分。这意味着，弗莱明可以任意挑选自己喜欢的医学院。弗莱明最终选择进入圣玛丽医院的医学院学习，而原因却十分随意，因为他曾和来自这个学校的水球队比赛过。

之后，他转向细菌学的研究几乎同样随意。那时如果他去当外科医生，就不得不离开圣玛丽医院。而圣玛丽步枪俱乐部的队长迫切地想要他留下，因为弗莱明是个了不起的枪手。为了让他留在圣玛丽医院，这位队长想尽办法给他安排了一份工作。弗莱明便答应了，甚至，他的余生都是在圣玛丽医院度过的。

## 一个人会发现自己没有在寻找的东西

20世纪初，德国医学家兼内科医生保罗·埃尔利希发明了一种治疗梅毒的化学疗法。之后，第一次世界大战爆发，细菌学实验室的大部分工作人员去了法国，建立了战地医院实验室。在这里，他们看到了很多遭遇严重感染的士兵。弗莱明认为，一定有某种类似于埃尔利希找到的化学物质，可以帮助抵抗细菌感染。

不要等待运气降临，应该去努力**掌握**知识。

功夫不负有心人，弗莱明发现了“溶菌酶”——1921年11月的一天他得了重感冒，但他仍然坚持工作，结果一滴鼻腔黏液掉到了细菌培养板上。为了观察鼻腔黏液对细菌生长的影响，他取了一点儿滴在固体培养基上。两周后，他照例清理那些培养液，发现了一个有趣的现象：在一个培养基里，有些地方出现了一大片黄色，有些地方是空白的，而空白之处正是涂过鼻腔黏液的地方。经过多次

对照实验，1922年他发现鼻腔黏液中含有“抗菌素”，甚至人体中几乎所有体液和分泌液中都含有这种“抗菌素”，他称这种物质为“溶菌酶”。虽然后来他发现“溶菌酶”的抗菌作用很有限，但是，他积累了很多这方面的经验。

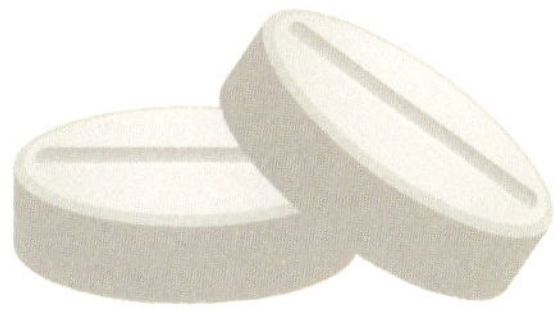

1928年，弗莱明从苏格兰度假回来。走进实验室，他发现这里乱糟糟的，因为走之前没来得及整理，所以实验台上有好多东西。弗莱明检查金黄色葡萄球菌培养皿时，发现一种名为青霉的霉菌污染了他的培养皿。他把培养皿放在显微镜下观察，发现被污染的金黄色葡萄球菌竟然都没法正常生长了。

这可真是太令人意外了！弗莱明又花了几个星期的时间来培养这种青霉霉菌。如果青霉中真的有什么物质可以阻止其他细菌生长，那么，把它制成药物，不就能用来对抗细菌感染了吗？

## 救命神药青霉素

1929年，弗莱明将这种抗菌物质命名为青霉素，但他的这一发现并未受到重视。直到1939年，英国牛津大学病理学系主任霍华德·弗洛里和旅英的德国生物化学家厄恩斯特·鲍里斯·钱恩合作，开始研究青霉素的性质、分离和化学结构，最终解决了青霉素的纯炼问题。

机会，只留给有准备的头脑。

# 弗莱明是个怎样的人？

## 学术上

好奇心强且有过人的洞察力

敢于在科研计划之外摸索研究

善于认真思考，坚持不懈

谦虚诚恳，不计较名利

## 生活中

兴趣广泛，不是书呆子

擅长飞镖、射击、桌球、游泳等运动

脚踏实地，总是默默无言地工作

是个业余摄影师

经过很多人的不懈努力，历经多次实验后，1941年第一次青霉素治病的临床试验取得成功。1942年，美国制药企业开始对青霉素进行大批量生产。随着青霉素在战争中的投入使用，数百万名伤员逃离了感染致死的厄运。二战后，青霉素更得到了广泛应用，拯救了千万人的生命。

1945年，弗莱明与弗洛里和钱恩因为对青霉素的研究活动共同获得诺贝尔生理学或医学奖。

弗莱明说：“一个人有时会发现他自己并未寻找的东西。”但前提是，这个人一直在寻找。

## WHEN?

**1881**

出生于英国苏格兰。

**1906**

从伦敦大学圣玛丽医学院毕业，留在母校的研究室，跟随赖特博士进行免疫学研究。

**1922**

发现“溶菌酶”，发表了《皮肤组织和分泌物中所发现的奇特细菌》的报告。

**1928**

发现青霉素。

**1929**

发表使其获得诺贝尔奖的论文——《关于霉菌培养的杀菌作用》。

**1945**

与弗洛里和钱恩共同获得诺贝尔生理学或医学奖。

**1955**

因心脏病发作在伦敦去世。

22

# 把石头当宝贝的地质学家

## 李四光

·1889 年—1971 年·

（中国）

李四光是一位被学生誉为“破裤子先生”的地质学家和古生物学家，中国科学院院士，中国最早进行石炭-二叠纪研究的科学家，创立䗴（tíng）科鉴定的 10 项标准。他提出了中国东部第四纪冰川存在的观点。他运用地质力学研究地壳运动及矿产分布的规律，创建“地质力学”和“构造体系”的概念。预测新华夏构造体系 3 个沉降带存有石油，后来的大庆、胜利等油田的发现证实了他的预测。他开创了活动构造研究与地应力观测相结合的预报地震途径。

你去过地质博物馆吗？你喜欢观察石头吗？石头看起来都差不多，但是仔细观察，就会发现每个石头的形状、花纹，都是不同的。

有一个人，他非常喜欢观察石头，甚至到了痴迷的程度。

**真理**，哪怕只见到一线，我们也不能让它的光辉变得暗淡。

他就是中国的地质学家李四光。李四光的原名叫李仲揆(kuí)，出生在清朝湖北黄冈，自幼就读于父亲执教的私塾。

## 改个名字去上学

在他14岁那年，湖北开始大量兴建新式的中小学堂，除了教授传统的经书，还新增了许多科学技术知识课程。在“科学”二字的吸引下，李仲揆只身一人去武昌求学。

李仲揆找到报名处，买来一张报名单，欣喜若狂地看了报名单上的栏目：姓名、年龄、性别、籍贯等。他坐下来开始填写表格，心情一激动，填表时竟然犯了一个大错，在姓名栏里写了个“十四”。

啊！原来他把年龄填到姓名栏了。他顿时紧张极了，怎么办呢？重填一张，又没有钱买报名单。于是，他冷静地想了想。只有将计就计了，他把“十”字改成“李”字，

于是表格的姓名栏里出现了“李四”字样。接着，他又觉得这个名字太俗气，太难听了。

正纠结中，他忽然抬起头来，一眼看见大厅正中挂着的一块横匾，上面刻着“光被四表”4个大字。他的目光停在这4个大字上，凝视了许久。突然，他盯住“光”这个字，有了主意。于是，姓名栏里变成了“李四光”3个字。

“李四光”，这个名字好，又好记，又好听，四面都有光明，寓意前途有希望。后来他就一直使用“李四光”这个名字了。李四光非常勤奋，不仅考上了免费的学堂，而且常常是年级第一。15岁那年，他从上海坐船到日本留学，去学造船。

# 学识渊博的“破裤子先生”

李四光因为出生在中日甲午战争时期，从小就觉得中国那时被日本打败，是因为军事力量、造船技术不行。于是，他下定决心，为了祖国的强大而学习。到了日本，他立志要考跟船舶有关的专业，后来又进入英国伯明翰大学学采矿和地质学。

回国后，李四光进入北京大学，担任地质系教授。在北大的10多年里，他一边教学一边搞研究。他在生活上很简朴，很多教授上下班坐人力包车，而他却常骑自行车，裤子破了也照样穿，而且很不在乎，学生们背着他风趣地叫他“破裤子先生”。

根据科学家们研究，在距今200万~300万年前，也就是第四纪冰川时代，全球气候寒冷，气温在零摄氏度以下，到处都被冰雪覆盖着。长时期积聚的冰雪形成冰川，冰川缓慢地向下流动，冲击着冰床下面的岩石，于是岩石上就留下了冰川流动的擦痕，有的地方的岩石甚至被磨成了砾石。冰川流动时，一路上都会留下它运动的踪迹。后人根据冰川流动形成的这些遗迹，可以确定哪里有冰川分布。

> 科学**尊重事实**，不能胡乱编造理由来附会一部学说。

很多外国科学家来中国考察后，都说中国没有冰川。但是，1921年，李四光在太行山东麓、大同盆地一带做地质考察时发现了冰川流动的遗迹。从1922年开始，他几乎用尽余生的心血进行第四纪冰川的研究，踏遍了中国大大小小的山，最后以一本《冰期之庐山》奠定了中国第四纪冰川学说的基础。

> 科学工作者，对世界上的万事万物就是要问个**为什么**。

在四处考察时，他采集到很多带有冰川擦痕的砾石，他把这些石头带回家做标本，像宝贝一样收藏起来。有一次，他得到一块很特别的石头，激动极了，还专门给它制作了一个小木盒，里面垫上棉花，收藏起来，还为这块石头拍了照片，取名“马鞍石”。

有一次，李四光接受一所大学的邀请去演讲，他把这块马鞍石也带去了。为了说明报告中的一些学术观点，他从口袋里掏出小盒子把马鞍石递给大家传看：“我搞了这么多年地质，还没有见过这么好的石头，它比宝石还要宝贵得多。” 报告结束后，等大家把这块宝贝石头传送回

## 李四光是个怎样的人？

**学术上**

- 立志走“科学救国”之路
- 研究地震预报工作
- 为中国原子弹和氢弹的研制成功做出贡献
- 创立地质力学

**生活中**

- 生活节俭，家庭和睦幸福
- 是同盟会第一批会员之一
- 筹办武汉大学
- 谱写了中国最早的小提琴曲《行路难》

来，盒子里的石头竟然不翼而飞了，李四光急得饭都吃不下了。

后来学校贴出一个告示，说小石头有很大的科学研究价值，但是并不能卖钱，也没什么用处，希望拿到的人能送回来。两天后，在告示规定的地点，石头被送回来了。

李四光还发明了一种古生物䗴科鉴定法。䗴是一种栖于浅海底的古代无脊椎动物，其化石是寻找和开发煤炭资源的重要依据。不过这项工程复杂而艰巨，经过几年钻研，李四光创立了䗴科鉴定的10项标准，并将䗴科的主要特性用若干曲线表示出来，减少了文字描述的烦琐，提高了鉴定的标准性、科学性，这10项标准一直被中国及其他国家的䗴科学者所采用。李四光还用这个方法鉴定了大量的化石标本，写成了他的第一部科学巨著《中国北部之䗴科》，并因此获得伯明翰大学的自然科学博士学位。

李四光还把力学理论引进地质学研究中，用力学观点研究地壳构造和地壳运动规律。他通过这种研究地壳运动的新方法，建立了地质力学。他写的《中国地质学》一书，是第一部由中国人撰写的阐述中国地质的杰出著作。

根据他的地质力学理论，1956年我国先后发现了大庆、胜利、大港等油田，摘掉了“中国贫油”的帽子。他也预见了铀矿资源的重要性，并指导“找铀队伍”发现了一系列铀矿资源，保证了核工业发展的需要，为我国原子弹和氢弹的研制奠定了基础。

在他生命的最后几年，他投入了很多精力研究地震的预测、预报，他的思路和方法为地震的预测和预报指明了方向。

WHEN?

1889 出生于湖北黄冈。

1913 赴英国伯明翰大学先学采矿，后转学地质学。

1931 以《中国北部之䗴科》被英国伯明翰大学授予自然科学博士学位。

1952 任中华人民共和国地质部部长。

1955 当选中国科学院院士。

1958 任中国科学技术协会首任主席。

1971 在北京逝世，享年82岁。

Computer Science
Q
90
Program
4
Current state
7 8 9 10 11
A
B
C

23

# 让机器会思考

## 图灵

·1912 年—1954 年·

（英国）

艾伦·麦席森·图灵拥有一颗“最强大脑”。他是计算机科学家、数学家、逻辑学家、密码分析学家，被誉为“计算机科学之父”“人工智能之父”。第二次世界大战期间，他破译了德军的密码，让反法西斯盟军掌握了战争的主动权。有人说，如果没有图灵破解密码，二战还会多打几年。图灵提出的图灵机模型被认为是现代计算机的基础。此外，他提出的图灵测试对人工智能的发展也有巨大贡献。

# 会思考的机器

机器会思考吗？或者，换个问法，你觉得机器人会思考吗？你身边会不会有人其实是机器人？如果你身边真的有一个机器人，你能认出来吗？

我们来玩一个游戏，这个游戏的名字叫作“模仿游戏”。游戏需要3个参与者：一个人，一台机器，一个审讯者。你来做审讯者，待在一个房间里，你需要做的就是对另一个房间提问。另一个房间里有一个人和一台机器，代号分别是X和Y。在游戏开始前，你不知道X和Y哪个是人、哪个是机器。接下来游戏开始，你有5分钟的时间对X、Y提问，每一个问题X和Y都会回答你。5分钟后，你需要回答：X和Y，哪一个是人，哪一个是机器？

举个例子，你可以提问：“请X告诉我，X会下棋吗？”另一个房间里的人和机器，无论谁是X，都要回答这个问题。机器会尽可能让你误以为它是人；而人会尽可能帮助你，分辨出谁是机器。

这个游戏听起来是不是很简单？我们怎么可能会认不出来机器呢？

不，机器可以模仿人类，只要它的记忆容量足够大、运算速度足够快、可供模仿的片段足够多，它就有可能“以假乱真”，让人误以为它是个会思考的人类。

你可别不信，这个游戏和观点被提出来的时候，世界上还没有一台能够回答出人的问题的机器呢！可现在，计算机、手机语音助手、机器客服等都已经很普遍了，身边的机器越来越“智能”，越来越会“模仿”人类了。谁敢说，未来不会出现一台“会思考”的机器呢？

你现在是不是很好奇，连一台像样的机器都没有，这个“模仿游戏”是怎么被想出来的？

这就要问“计算机科学之父”——英国数学家、逻辑学家艾伦·麦席森·图灵了。

图灵是人工智能和现代认知科学的创始人，他是“人脑在很大程度上是一台数字计算机器”这一假设早期的主要倡导者。1950年，图灵提出关于机器思维的问题，他发表了一篇题为《机器能思考吗？》的论文，并设计出一种用于判定机器是否具有智能的测试方法，这就是上文所说的著名的“图灵测试”。同时，图灵预测：未来50年，当计算机的存储容量达到$10^9$单位，通过编程，它将有可能在“模仿游戏”中表现出“智力”，一般人能在5分钟提问后准确辨认出它是机器的概率不超过70%。

不过，我们让图灵失望了，2000年的时候，人类的计算机技术还远远没有达到这个预期。但是，在图灵“机器模拟人”这一思想的指引下，我们的生活已然发生了巨变！

## 学习成绩一般的天才

图灵的思想无疑是超越时代的，但在他看来，他的科学探索只是在发现“自然界中最普通的东西”——从小到大，这种“不普通”的想法总是让他显得不那么合群。

1926年，14岁的图灵通过普通入学考试进入了伦敦的老牌名校谢伯恩中学。你是不是在好奇，像图灵这样思想超前的天才少年，在学校是一个怎样的优等生？那你恐怕要失望了，图灵大多数科目都仅仅是“一般到优秀”；他的笔迹像“鬼画符”，常常遭到老师批评；他的拉丁语对他来说简直就是灾难；他的数学——作为一位数学家，虽然此时他已显露出非凡的天分，但因为他太有想法了，花了大量的时间研究高等数学，却忽视了基础课的学习，这将无法使其成为一流的数学家。他理解不了公立学校传统的教育方式，也不太会讨老师的欢心，他和老师、同学永远不在同一个频道上。

图灵的校长曾表示：如果他要留在公立学校，他必须以接受教育为目标。如果他只想成为一名科学家，那么留在公立学校对他来说就是在浪费时间。

在图灵“机器模拟人”这一思想的指引下，我们的生活已然发生了巨变！

即使这样，图灵在谢伯恩中学也几乎拿遍了所有的数学奖。看来，很有想法有时也不是什么坏事。图灵在学校还自学了高等数学，没事就读读爱因斯坦的相对论，他还从《物理世界的本质》中读

到了量子力学——这听起来才像是天才的日常嘛，连学习都是超前的。

可是这样的天才，谁能和他聊得来呢？

## 知音难求

图灵性格有些孤僻，沉浸在自己的世界中，直到他遇见克里斯托弗。

克里斯托弗 · 摩尔康姆是图灵在科学课上认识的，比图灵大一岁，也是一个科学爱好者。他们在学法语的时候谈论数学和天文学，他们在纸上画些圈叉研究化学反应，他们讨论欧几里得几何中的平行线公理问题，他们还一起去剑桥大学参加入学考试。图灵第一次感受到了与人分享想法的快乐。

然而，孤独再次降临。1930年2月，克里斯托弗因患肺结核去世，图灵又只有自己一个人了。他大受打击，很长一段时间都无法接受这个事实。他疯狂地看书，飞快地在纸上计算，不停地在脑子里研究他们曾经讨论的问题，他甚至想在量子力学的科学理论中找到一点点克里斯托弗还能继续存在的证据。

1931年，图灵一个人进入了剑桥大学国王学院，和克里斯托弗一样，他获得了奖学金。

## 最强大脑的密码战

生活原本也许就这样继续在研究中孤独下去，但战争打破了世界的宁静。

1939年，纳粹德国发动了第二次世界大战。图灵被秘密地招募入伍，参加英国的通信战争。他在布莱切利公园的一间办公室里，和他的同事们一起破译德国的通信密码，他们的对手是德国一种名叫“恩尼格玛”的密码机。

恩尼格玛密码机非常复杂，它能够生成不断变化的代码，为德国军队的通信加密。英国即使窃取到德国的军事机密，也无法理解里面说的是什么信息。要想破译这种密码，就必须找到密码机的变化规律，但恩尼格玛密码机的变化可能性数以亿计，远不是人力计算能完成的。图灵很快意识到了这一点，人力对抗机器，是永远追不上机器的速度的，必须造一台机器，让机器对抗机器。

英国前首相**卡梅伦**评价图灵在破解二战德军密码、拯救国家上发挥了关键作用，是一个“了不起的人”。

## 图灵是个怎样的人？

**学术上**

- 将数理逻辑应用到精神和物质的问题上
- 引入一种叫“图灵机”的抽象机器
- 用“模拟游戏”测试机器的智能
- 强烈倾向于自己创造、独立研究

**生活中**

- 喜欢划船和跑步，跑步曾经拿过冠军
- 为防过敏经常戴着防毒面具骑车上班
- 不善言辞、害羞、常咬指甲
- 中学时许多科目成绩一般

每天，图灵骑着一辆样式老旧的自行车去布莱切利公园上班。下雨天他也骑车，也不打伞，天气好像跟他没关系。不止一次，他到办公室时已经全身湿透。他的生活很纯粹，其他事情都无法分散他的注意力，他只有一个目标：破译恩尼格玛！

终于，图灵和他的同事们开发出了一台名叫“Bombe”的计算机，成功破译了恩尼格玛！每天有1000多封德军将领指挥士兵的加密信件被破译，信中内容清清楚楚地呈现在英军眼前。但这是一个秘密，不能被德军知道，否则恩尼格玛密码机被换掉，此前的努力就功亏一篑了。1942年，图灵还设计了第一个系统的方法来破解由复杂的多密码

WHEN?

1912 出生于英国伦敦。

1935 被选为剑桥大学国王学院研究员。

1936 发表论文《论可计算数及其在判定问题中的应用》，引入一种抽象机器，现称为“图灵机”。

1938 获得普林斯顿大学博士学位。

1950 发表《计算机器与智能》，提出“模仿游戏”，后来被称为“图灵测试”。

1951 被选为英国皇家学会会员。

1954 在英格兰威姆斯洛去世。

机加密的信息，这一方法被英国人称为“Tunny”。

图灵和他的计算机打赢了这场密码战，将欧洲的战争缩短了两年多，挽救了至少1400万人的生命！战争结束后，图灵因这一贡献被授予“大不列颠帝国勋章”，这是英国皇室授予为国家和人民做出巨大贡献者的最高荣誉勋章。但图灵的工作多年来因为保密而一直不为人所知，直到20世纪90年代才被逐渐揭开，他的贡献才被人知道。

## 怪咖的戏剧人生

战后，图灵开始了长跑运动。一个隐藏技能被发现了！图灵参加沃尔顿田径俱乐部的跑步比赛，一举赢得3英里（约4.8千米）跑步的冠军。他后来又去参加1947年的业余田径协会马拉松锦标赛，拿到了第五名的好成绩！图灵竟然是一个被科学研究耽误了的世界级运动员呢！如果时间允许，他会把工作和长跑结合起来，比如跑10000米穿过伦敦西区，直到实验室。每隔几个月，他还会一口气跑到18000米外的格尔福特，去看望母亲。

图灵，甚至是一个被科学研究耽误了的国家**运动员**呢！

也许在人们心中，他一直就是一个怪人。图灵自己也明白，他不被世人理解。

1954年6月7日，图灵因氰化物（一种致死的剧毒）中毒死去。在他的身旁，放着一个被咬了一口的苹果（并未检验苹果上是否有氰化物）。人们猜测他是自杀，也有人认为他是在做实验的时候不小心沾染了剧毒，甚至有人怀疑他是遭人暗杀。天才怪咖离开了，留下又一个不解之谜。

C15H22O5
CH3
H
O
O
H

24

# 打败疟疾的一棵草

## 屠呦呦

·1930 年出生·

**（中国）**

屠呦呦，著名药学家，多年从事中药和中西药结合研究，创制出新型抗疟药青蒿素和双氢青蒿素，挽救了全球数百万人的生命！2015年，屠呦呦因在研制青蒿素等抗疟药方面的卓越贡献，获得了诺贝尔生理学或医学奖。获奖时她说：“青蒿素是中国传统医药献给世界的一份礼物。”

# 诺贝尔奖中国得主

2015年10月5日，瑞典卡罗林斯卡学院宣布，将2015年诺贝尔生理学或医学奖授予中国药学家屠呦呦，以及爱尔兰科学家威廉·C.坎贝尔、日本有机化学家大村智，以表彰他们在寄生虫疾病治疗研究方面取得的成就。

当天傍晚，屠呦呦正在洗澡时，在客厅看电视的老伴儿突然说她得奖了。起初，她并未在意，以为是其他奖项。很快，贺信、记者采访纷至沓来，家里的电话响个不停。

一时间，屠呦呦的名字出现在各大网站、报刊上，全世界都在谈论屠呦呦，像是突然间有了这么一号人物。可一查资料，才知道这位女科学家已经85岁高龄了，她的研究成果“青蒿素”早在20世纪70年代就已经问世；到1992年，她和团队发明出的“双氢青蒿素”获得新药证书，相比于早期版本，新药的疗效提高了10倍！

可此前，大家好像都不知道她。即便诺贝尔奖公

布后，还有大批网友在说这是一位“三无科学家”：没有博士学位，没有留洋背景，没有院士头衔。但屠呦呦和团队的科学成果，已经默默无闻地在全球治疗了2亿多人，挽救了数百万人的生命。仅在撒哈拉南部的非洲地区，就有150万人因青蒿素避免了由疟疾导致的死亡！

> 屠呦呦常说：“科学研究不是为了争名夺利。”

2015年12月10日，屠呦呦在瑞典首都斯德哥尔摩音乐厅领取了诺贝尔奖。此前，她因为身体原因缺席了另一奖项的颁发，但这次，她到场了——“因为到底还是代表咱们中国”。这是中国科学家首次因为在中国本土进行的科学研究而获得的诺贝尔科学方面的奖项！

## 坚决完成任务

与屠呦呦的名字一起出名的，是一种叫“青蒿素”的药物成分，它提取自一味叫“青蒿”的中草药，可以用来对抗疟疾。

疟疾，和艾滋病、癌症一起，被世界卫生组织列为世界三大死亡疾病。1967年，中国启动旨在研究防治疟疾新药的“523”国家项目。当时正值越南战争，美国出兵越南，双方军队都受到疟疾的严重影响，人员损失惨重。因疟疾损失的人数甚至是打仗

死伤人数的5倍。越南向中国求助，于是有了“523”国家项目。1969年，屠呦呦接到任务，担任“抗疟中草药研究”课题组组长。

“当时对我们来说，就努力工作，把国家交给的任务完成。只要有任务，孩子一扔，就走了。”85岁的屠呦呦平静地回忆着。

屠呦呦开始了寻药之旅。中药药草繁杂，药方多如牛毛，要从中试出能治疗疟疾的药方和药草，可以说比得上唐僧西天取经了——十万八千里，九九八十一难！

> 一个科研的成功不会很轻易，要做艰苦的**努力**，要坚持不懈、反复实践，关键是要有信心、有决心来把这个任务**完成**。

屠呦呦对此铿锵有力地说：“没有行不行，只有肯不肯坚持！”

光是第一步调查收集，屠呦呦一个人仅用3个月就收集了2000多个方药，精选编辑出包含640多种方药的方集。在检测实验中，他们又筛查了200多种中草药材、380多个中草药提取物。

终于，在1971年，屠呦呦团队发现了抗疟效果达到100%的青蒿提取物！第二年，“青蒿素”被成功提炼出来。

## 呦呦鹿鸣，食野之蒿

青蒿治疗疟疾，古来有之，东晋葛洪的《肘后备急方》、明代李时珍的《本草纲目》中都有记载。在检测疗效时，青蒿成了重点关注对象。可结果不太理想：青蒿提取物有疗效，但不持续。

明明答案就在眼前了，却没有得分，这种感觉非常糟糕，究竟差在了哪一点呢？屠呦呦静下心来，重新回到古书中去研究。

“青蒿一握，以水二升渍，绞取汁，尽服之。”东晋葛洪的《肘后备急方》中这样记载。简单几个字，清清楚楚，但又似乎藏了什么奥秘。

屠呦呦想着古人看病，开药方，抓药，煎煮，滤渣，服用……“煎煮”“滤渣”？不，药方里说“绞取汁”，动作对不上！难道是提取方法有问题？

“渍”在古汉语里是用水浸泡的意思，不是高温提取！屠呦呦灵光一闪，高温提取可能破坏了青蒿中的有效成分，所以效果打了折扣！于是，她重新设计了实验方案，终于证实用沸点较低的乙醚（mí）来做提取溶剂效果最好。在经历了190次失败之后，屠呦呦团队在第191次低沸点实验中成功了！果然，这个细节就是问题的关键所在！

“呦呦鹿鸣，食野之蒿”——呦呦，一个富有文化底蕴的名字；青蒿，一味集结古人智慧的草药；以水渍，绞取汁，几个穿越千年的古汉语词架起了一段奇妙的古今缘分。

## 为科学献身

乙醚是一种具有刺激性气味的有毒物质，当时条件简陋，屠呦呦和她的团队成员没有实验防护，顶多戴个纱布口罩，每天都待在没有通风设备、充满着刺鼻味道的实验室。青蒿素提取成功的代价是引起团队成员头昏眼涨、鼻子流血、皮肤过敏等不良反应，屠呦呦甚至因此患上了

## 屠呦呦是个怎样的人？

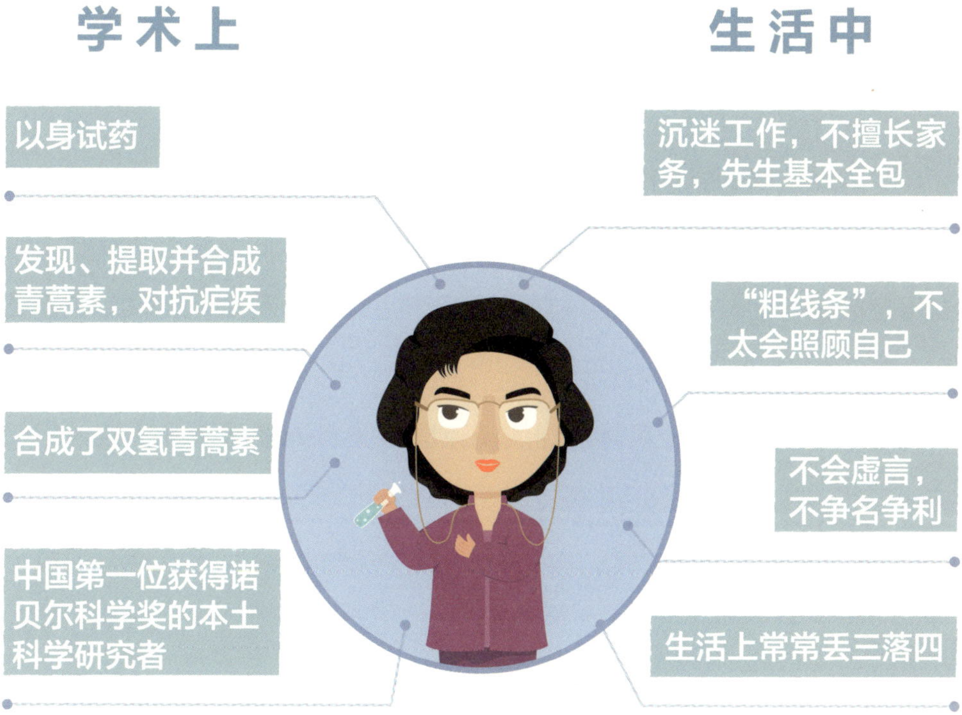


中毒性肝炎。

药物研制出来后，拿动物试验过，但没在人类身上试过，因此无法投入使用。屠呦呦和团队成员毅然站出来，成为第一批志愿者，以身试药。对于这件事，屠呦呦的老伴儿李廷钊说：“人家抗美援朝还志愿牺牲呢，吃药算什么？”屠呦呦回忆起来也很平静：“当时动物试验过了，药走不出去，发病季节就过了，那就耽误一年。所以那时候也不考虑荣誉不荣誉，我觉得荣誉本身就是一个责任。荣誉越多，你的责任就更多一点儿。”

对国家的责任，对科学的责任，屠呦呦都理所当然地扛下了，但这意味着她只能舍弃作为母亲的责任。任务在身，丈夫又有事不在身边，屠呦呦只好把不到4岁的大女儿送去全托班，将未满周岁的小女儿送回宁波老家。

“大女儿当时接回来的时候都不愿叫爸妈。”屠呦呦回忆里都是苦涩。小女儿在宁波老家待了几年后，屠呦呦才得以抽空回去看看她。听到母亲叫自己时，小女孩却往后退了几步。每每念及女儿，内疚和懊悔都会攀上心头，但屠呦呦依旧坚守在科研第一线。

2011年，屠呦呦获得美国拉斯克医学奖，她的事迹开始被人们知晓。2015年，屠呦呦获得诺贝尔奖，享誉世界。但屠呦呦说，这是对“全体中国科学家团队的嘉奖和鼓励”。这份淡泊与真诚，令人肃然起敬。

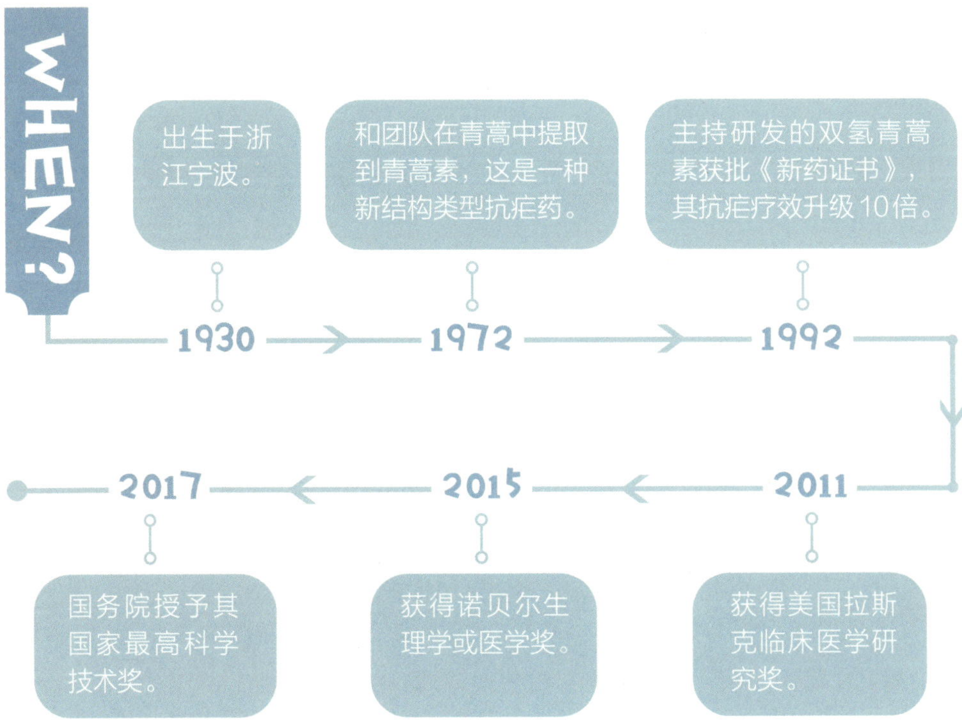